教育改革と新自由主義

斎藤貴男

寺子屋新書
001

教育改革と新自由主義●目　次

第1章

教育改革がめざすもの

1 ゆとり教育VS学力重視の裏側で

「構造改革」の論理で教育改革も進められている

こんなたとえ話をしてみましょう。

ある食堂には、五百円の定食が四種類あります。あるとき、店主は「お客さんのニーズは多様化している。もっとメニューを増やそう」と思い、一万円の定食を二種類、五千円のものを二種類、三千円のものを二種類つくりました。そして、五百円の定食は二種類に減らしました。店主は言います。

「メニューを四種類から八種類に増やしました。しかも、これまでより高級な食材を使ったものも用意し、選択の幅を広げました。どうぞ、お好きなものをお選びください」

これが、いま「教育改革」の名のもとに行われていることです。たしかにこれまでよりも、選択肢は増えますが、それを利用できる人は限られているのです。あなたは、毎日、一万円の定食を食べることができますか。「こちらはこれまでより多様なものを用意し、自由に選択できるようにしている。選べないのは（それだけの財力のない）あなたの自己責任だ」というのが政府や文部科学省の論理です。

この論理は、教育改革だけでなく、いわゆる「聖域なき構造改革」として小泉内閣が進めていることの多くに貫かれています。

「構造改革」ということばには、硬直した制度を根本から変革し、閉塞した社会を打ち破ってくれるようなエネルギーが感じられます。「もっと暮らしよい社会にならないものか」「もう少し未来の見通しがもてる社会に」と思っていたところに、力強く「構造改革」を唱えた小泉純一郎首相。ですから、期待した人も多かったのでしょう、発足当初、小泉内閣の支持率は八〇パーセントを超えていました。たしかに、戦後約六十年の歴史の流れのなかで、日本社会はさまざまな問題を抱えるようになっていましたし、それらは生半可なことでは改善できない根の深いものになっていました。その意味で構造的な改革が求められていることはたしかです。

しかし、いま進められているのは、いわば「持てる者」だけのための構造改革です。一部の特権階級だけがその利を享受し、多くの国民はむしろこれまでより規制され、不自由になりかねない改革なのです。累進税率の緩和、課税最低限の引き下げ、消費税大幅アップで一般の家庭にはこれまでより厳しく、金持ちや大企業にはより甘くした税制改革を筆頭に、医療費や年金の問題、介護保険制度など、私たちに負担を強いる改革が続々と進められていきます。その反面、特殊法人や天下りの問題など「構造的」に改革すべき構造は変わらず、「持てる者」の既得権益はこれまで通り、いやそれ以上に強固に守られようとしています。

それが、小泉内閣の進めてきた「構造改革」の実態なのです。

二〇〇二年度にスタートした〝ゆとり教育〟をめぐって

一九九九年、小中学校、及び高等学校の教育課程の基準を示す「学習指導要領」が改訂されました。このときの改訂の基本方針は以下のようなものでした。

①豊かな人間性や社会性、国際社会に生きる日本人としての自覚を育成すること。

②自ら学び、自ら考える力を育成すること。

③ゆとりのある教育活動を展開する中で、基礎・基本の確実な定着を図り、個性を生かす教育を充実すること。

④各学校が創意工夫を生かし特色ある教育、特色ある学校づくりを進めること。

そして、これらの具体化が、「学習内容の三割削減」「『総合的な学習の時間』の創設」「学校五日制の完全実施」として示されました。

これについて、父母や教師、研究者などから「学力低下になるのではないか」と不安の声があがりました。「円周率はおよそ三と教える」「台形の面積は教えない」（小学校）、「必修英単語を五百語から百語に減らす」「二次方程式の解は教えない」（中学校）など、学習内容のあまりの削減ぶり。加えて「総合的な学習の時間」と土曜休みのために授業時間が大幅に減ることが不安の種となったのです。

文部省は、これらの改革をする理由をつぎのように述べていました。

「ゆとり」のある学習活動の中で子どもたちに自ら考え、主体的に判断し、行動する能力、自らを律しつつ他人を思いやる心などの豊かな人間性といった「生きる力」を培うことを目指して、文部省では初等中等教育の改革を推進している。

（「教育白書」一九九九年度版）

しかし、同じ年に出版された『分数ができない大学生』（岡部恒治ほか著、東洋経済新報社）をきっかけに、教育関係者以外をも巻きこんだ、「学力かゆとり教育か」といういわゆる学力論争に発展していきます。

この学習指導要領の実施は二〇〇二年四月からでしたが（高校は二〇〇三年から）、実施前の同年一月に文部科学省は「確かな学力の向上のための２００２アピール『学びのすすめ』」を発表します。学力向上の策として、補習や宿題を奨励するほか、「発展的な学習として、学習指導要領を超える内容を教えてもよい」と打ち出したのです。

学習指導要領は一九五八年の改訂以後「法的拘束力をもつ」とされ、これまでその範囲を逸脱することを戒めてきました。そのため、たとえば直列・並列の学習では「乾電池の数は2個までとする」、昆虫の体のつくりと育ち方の学習では「幼虫の体のつくりは扱わないこと」など、学習内容については事細かな規定（歯止め規定）がありました。ところが、ここでそれを超えてもいいといいだしたわけです。

教育現場が混乱するなか、二〇〇二年四月から新しい学習指導要領が実施されました。しかし、翌年十二月に、文部科学省はこの学習指導要領を一部改訂します。歯止め規定は残したままですが、すべての教科の「指導計画の作成と各学年にわたる内容の取り扱い」という

部分に、

「内容の範囲や程度等を示す事項は、すべての児童に対して指導するものとする内容の範囲や程度等を示したものであり、学校において特に必要がある場合には、この事項にかかわらず指導することができること」

という文章を加えました。

法的拘束力があると位置づけた一九五八年以来、学習指導要領はほぼ十年ごとに改訂されてきました。実施からわずか二年弱での改訂は、きわめて異例のことといえます。

ねらいどおりの進行にすぎない

この一連の動きを、「学力低下を不安視する世論に押されて、文部科学省がゆとり教育から学力重視へと方針転換した」「迷走する文部科学省」とマスコミは報道しました。たしかにそういう面がゼロだとは言いませんが、それだけの視点で論じると本質を見誤る危険があるのではないかと私は思います。

そもそも、ゆとり教育の推進役で〝文部省のスポークスマン〟と称され、特に九〇年代後半から精力的に発言してきた寺脇研氏（当時・政策課長、現・文化庁文化部長）は、「学習指導要領はミニマム・スタンダードだ」とことあるごとに強調していました。文部省自体は明言していなかったにしても、文部省初等中等教育局の審議官で一九九九年の改訂を担当した銭谷眞美氏も、内閣官房教育改革国民会議担当室長になっていた二〇〇〇年当時、私の取材に対してそのように述べていましたから、寺脇氏は私見を述べていたわけでなく、文部省の意図のもとに発言していたはずです。

学習指導要領がミニマム・スタンダードだというのは、その範囲を超えてもかまわないということを意味します。二〇〇三年になってマスコミが「世論に押されて方針転換」と報じた内容は、じつは以前から行政側が主張してきたことそのままでしかないということです。

つまり、文部科学省は方針転換も迷走もしていないのです。むしろ世論を利用するかたちで、これまで曖昧にしてごまかしてきたねらいをよりあからさまにしたのだと、私は受けとめています。

「子ども・親の自由選択」を建て前に複線化をめざす

では、そのねらいとはなんでしょうか。

学習指導要領がミニマム・スタンダードであるということは、教える内容について公立の学校間の、あるいは同じ学校のクラス間、さらには同じクラスの生徒間の格差を、むしろ積極的に拡大してよいということを意味します。

これまで、教師や子どもを管理するという側面があったとしても、学習指導要領はマキシマム・スタンダードであることで、公立の中では教える内容について格差を生じさせない機能を果たしてきました。しかし、その規制がはずされ、それぞれの裁量でいかようにもできることになると、たとえばある学校ではミニマム・スタンダードに添い三割削減された内容を教え、ある学校では三割分をプラスし十割の内容を教えるようになります。もちろん、それよりももっと多い内容を教える場合もあるでしょう。学校ごと、クラスごと、生徒ごとに学習内容がちがうのですから、当然格差が生じます。それを行政は承認、むしろ推進していることになります。

そのうえ、通学区域の自由化を進める動きが急速です。格差の生じた学校の中から好きな学校を選べ、といっているのです。実際、二〇〇〇年に小学校の通学区域の自由化をした東京都品川区では、私立中学への進学率が高いという評判の小学校に子どもが集中することになりました。「評判」でなく学習内容の差が教育制度上で認められたことによって、「いい学校」「だめな学校」という格付けはより明確になるでしょう。そのなかで、子ども・親は学校を選択することになります。けれど、そこにほんとうに「自由な選択」はあるのでしょうか。

ロンドン大学教育学研究所のアンディ・グリーン教授は、一九九七年につぎのように述べています。

スコットランド（Adler,Petch and Tweedie,1986）、あるいはアメリカのシカゴ（Moore,1990）のような地域における学校就学のパターンの変化をみれば、オープンエンロールメント（通学区の自由化）や「学校選択」政策が不利な立場にある子どもを特定の学校へ集中化させ、人気のある学校を裕福な、あるいは啓発された家庭の子どもに独占させることに帰結するということは、非常にはっきりしたことであるように思われる。

（『教育・グローバリゼーション・国民国家』大田直子訳、東京大学出版会）

学校に格差があり、それを親・子どもに選択させるならば、経済的に裕福な家庭、教育に対する意識の高い家庭が一方的に有利になることは、いまの私立小中学校の受験状況を考えるまでもなくまさに当然の帰結です。

たとえば、通学区域が自由化されても、通学に交通費がかかったり、共働きで送り迎えができないなどために遠くの学校を選べない家庭もあります。親の教育に対する意識が高くなければ、選択の基準がもてず、消極的に地元の学校を選ぶこともあるでしょう。また、志望者全員を際限なく受け入れることはできないため、たとえば人気の高い中高一貫校などでは適性試験を行いますが、そのために、塾へ通わせるなどの金銭的・時間的余裕があるかどうか、そういう条件のちがいがもろに影響します。

すでに苅谷剛彦氏（東京大学教授）が一九九五年、『大衆教育社会のゆくえ』（中公新書）で明らかにしたように、東京大学の学生の保護者は、医師や弁護士などの専門職、大企業・官公庁の管理職、中小企業の経営者が高い割合を占めています。これは、階層間格差が家庭の経済力、文化度、意識のちがいとして反映され、教育にかける金額や時間、方法の度合いとなり、それが子どもの進路を左右したことを示しています。

ただでさえ深刻な問題なのに、これが大学ではなく小中学校の段階までおりてきたら、学校の格差と社会的階層の格差はより合致し、かつ、後々も簡単には変更できないレールとなって、子どもの将来を決定づけてしまいます。

その先にあるのは、公教育のシステムの複線化です。「子ども・親の自由選択」を建て前に公立の学校システムを根本から変革する、それが行政側のねらいなのです。

義務教育を複線型にすれば、コストは当然減ります。単純にいえば、小学校卒業時に、勉強があまりできない三分の一の子には「君はもう学校へ行かなくてもいい」という制度をつくれば、中学校教育にかかるコストは三分の二ですむ、というわけです。早いうちから子どもを選別し、一部の勉強がよくできる子にはお金をかける、そうでない子の教育のためにお金はかけない、できないのならできないままで、よけいなことを考えずに黙って上の言いなりになっていればいい……それが教育改革を進める側の理屈であり、コストを減らし効率的に〝人材〟を育成することが目的なのです。

そもそも、複線化に向けての政策はすでにいくつも打ち出されています。通学区域の自由化もそうですし、中高一貫校の創設もそうです。

前述の寺脇氏（当時、文部省政策課長）は、一九九九年に苅谷氏との対談のなかで、つぎのように述べています。


ただ、小中高、そして大学という単線構造がいま、大きく変わっているのも事実ですね。いろいろな意味で、学校システムに流動性が出ている。

（「論座」一九九九年十月号）

いろいろな問題点はあるにせよ、戦後の民主主義のなかで六・三・三・四制という単線型のシステムが続いてきたことは、教育の機会均等を保障しようとすることでもありました。日本のどの地域に生まれた子どもも、中学校までの義務教育では同じ内容について学べること。高校ではコース別になりますが、どの高校へ行っても大学をめざすことが比較的容易なこと（つまり進路の変更が保障されていること）。

日本でも戦前、尋常小学校を終えると、旧制中学校、高等女学校、実業学校、高等小学校などにわかれるシステムが採られていました。出身階層によって進むことのできる学校はほぼ決まっており、進む学校によって将来もほぼ決定づけられる――これが複線型のシステムの典型例です。

戦後、それを見直し、いかなる境遇に生まれた子でも不当に扱われることなく、だれもが等しく教育を受けられるようにと単線型のシステムになったわけです。それとても十分には機能していなかったのに、まだまだ残っている不平等、不公正を改めていこうというのではなく、逆に教育の機会均等という理念そのものの根幹を揺るがす動きがすでにはじまってしまっているのです。

国際的な言語学者で、戦争や差別の問題にも積極的に発言しているノーム・チョムスキー氏は、

「機会のない選択の自由は牢獄だ」

と言いました。「選択の自由」といいながら、義務教育の段階から教育の機会を保障されないのであれば、それは日本という国全体が牢獄になることを意味します。

子どもを早期選別する動きが強まる

東京都教育委員会が「中高一貫教育校の整備に関する検討委員会」にまとめさせた報告書には、こう書かれています。

小学校卒業段階での学校選択に当たり、将来の進路や目的意識を持ち、あるいは中高一貫の継続的教育による個性や能力の伸長を望む子どもや保護者については、六年間の一環した指導方針の下に教育を行う6―6制の学校が必要である。

また、リーダー不足と言われる我が国にあって、様々な場面・分野で、人々の信頼を得

て使命感を持って行動する、リーダーとなり得る人材を育成していくことが必要である。こういった人材を育成するためには、小学校卒業段階で、将来の進路への目的意識等に基づき、継続教育の意欲を持つ子どもに対して、中高一貫教育の中で教養教育を実施していくことが有効である。

中高一貫という制度に意義があるから、すべての公立を中高一貫校にしようというのではありません。あくまでも「リーダーとなり得る人材を育成」するのが目的であり、一部の「継続的教育による個性や能力の伸長を望む子どもや保護者」のためのものなのです。それは、すでにある格差をより拡大していくためのものともいえます。

小学校卒業段階どころか、東京都品川区では、二〇〇六年度に小中一貫校を開校する計画が持ち上がっています。ということは、幼稚園卒業段階で「個性や能力の伸長を望む」かどうか、「将来の進路への目的意識等」をもっているかどうかが問われるのでしょうか。

義務教育を短縮化するための具体的な動きもあります。京都経済同友会は、二〇〇〇年に中学校の義務教育廃止を求める提言を発表しました。

日本人として必要な最低限の学力等は小学校で身に付くようにする。特殊な技能を身につけたい者は、義務教育終了後直ちに家業を見習い、親方棟梁等のもとに弟子入りし、あるいは各種の職業学校に進学する道を開く。社会は多様な人材を必要としている。学力に自信がなければ手足を使う技能者・技術者として世に出ればよい。できるだけ早く体で覚え込まなければ大成しない技能が、この世には存在する。勉強嫌いをいつまでも学校に引っ張り、やる気と自信を失わせ、いたずらに不登校を増やし、教師に苦労をかける無駄は、十二歳で打ち止めとしたい。

義務教育＝強制教育の短縮に踏み込むべき時である。（傍点引用者）

2　経済界の要求と教育改革の流れ

エリート教育が本当の目的

「できん者はできんままでけっこう。戦後五十年、落ちこぼれの底辺を上げることばかりに注いできた労力を、これからはできる者を限りなく伸ばすことに振り向ける。百人に一人でいい、やがて彼らが国を引っ張っていきます。限りなくできない非才、無才には、せめて実直な精神だけを養っておいてもらえばいいんです」

二〇〇〇年七月、私のインタビューに答え、教育課程審議会の前会長だった三浦朱門氏はこういいました。

そのころ、私は特に教育問題に深い関心があったわけではありませんでした。「規制緩和の光と闇」というありがちなテーマで、規制緩和によって弱者が切り捨てられるのではないか、という問題を追究しており、その一つとして教育の規制緩和も取り上げておこうと考えました。ちょうど、三割削減の学習指導要領が告示された時期だったので、その学習指導要領の下敷きとなる答申を出した教育課程審議会（教課審）の会長であった三浦氏に取材にいったのです。

学力低下はないのか、という私の問いに、三浦氏は「学力低下は予測し得る不安というか、覚悟しながら教課審をやっとりました。いや、逆に平均学力が下がらないようでは、これからの日本はどうにもならんということです」と答え、前述の発言となりました。

「国際比較をすれば、アメリカやヨーロッパの点数は低いけれど、すごいリーダーも出てくる。日本もそういう先進国型になっていかなければいけません。それが〝ゆとり教育〟の本当の目的。エリート教育とは言いにくい時代だから、回りくどく言っただけの話だ」

個人的な考えなのか、教課審全体の考えなのかと問うと、

「いくら会長でも、私の考えだけで審議会は回りませんよ。メンバーの意見はみんな同じでした」

と明確な答えが返ってきました。

文部省が「いままではつめこみ教育だったため、落ちこぼれや勉強ぎらいを生んできた。

ハードルを低くすることで落ちこぼれをなくし、学習への意欲を高める」と説明してきたゆとり教育の意義は建て前で、本当の目的はエリート教育をすることだったわけです。

三浦氏がこんな本音を語ってくれたのは、すでに彼が委員長を務めた教課審の答申を基に新しい学習指導要領が告示されていたためでしょう。議論は終わったのだから、いま本音を知られても痛くも痒くもない、そう思っていたのだと思いますが、それにしてもあまりにもストレートな、「エリート」でない子どもをバカにしきった表現に私はショックを受けました。

一九八〇年代からの教育改革の動き

教育の機会均等を否定するようなこんな考え方が、なぜ出てきたのでしょうか。そして、それがいつのまに行政の、日本の教育の方向性となったのでしょうか。ここでは、過去にさかのぼり、教育改革の変遷をみていきたいと思います。

教育改革がいわれはじめたのは、一九八〇年代半ば、中曽根康弘首相時代に臨時教育審議会（臨教審）が発足したころからです。

臨教審は、明治以降の、欧米に追いつき追いこせ式の教育から脱却し、戦後のつめこみ・画一教育を転換する「第三の教育改革」をめざすとしました。

今次教育改革において最も重要なことは、これまでの我が国の根深い病弊である画一性、硬直性、閉鎖性を打破して、個人の尊厳、個人の尊重、自由・自立、自己責任の原則、すなわち「個性重視の原則」を確立することである。この「個性重視の原則」に照らし、教育の内容、方法、制度、政策など教育の全分野について抜本的に見直していかなければならない。

（臨教審最終答申、一九八七年）

この臨教審発足には、じつは経済界の意向が大きくかかわっています。

戦後、経済界は、教育問題について関心を寄せ、たびたび発言してきました。それは、企業の求める人材像を明らかにし、学校でそれらの人材を育てるような教育をしてほしいという労務政策の一環としてでした。しかし、中卒が「金の卵」と呼ばれていた時代には、義務教育を終えるまでにしっかりと勉強させ、たくさんの知識・技能を身につけさせて社会へ送りだしてほしいというのが経済界のいちばんの要求でした。その要求を反映した結果、つめこみ教育になっていったわけですが、一方では教育の機会均等を保障することにもなっていきました。どんな地域のどんな学校の子でも、しっかりとした知識・技能を身につけてもらわないと困るという経済界の要請が、幸運にも教育の機会均等という理念とある部分、一致していたわけです。

それが、一九八〇年前後からがらりと変わります。八〇年代というのは、日本の産業構造が大きく変わっていく時期です。産業の中心が第二次産業の製造業から第三次産業のサービス業へと移るなかで、経済界の求める人間像が大きく変化していきます。

たとえば、製造業では、知識や技能がある程度なければ、機械のトラブルなどが起こったときに対処できず、大きな損失を招くことになりかねません。しかし、サービス業ではマニュアルどおりにさえ動いてくれれば、大きな問題は発生しません。ファーストフード店のマニュアルには「こちらでお召し上がりですか、お持ち帰りですか」とかならず聞くように、と指示されています。たとえ、ハンバーガーを二十個注文した客であっても、聞くのです。どう考えてもその場で食べることはないはずですが、場面によっての対応を考えるより、マニュアルどおりに受け答えするほうが、万が一にもよけいな摩擦を生まず効率的である、と企業側は考えるわけです。しかも、マニュアルに従うだけの仕事なら、それほど高い人件費を払う必要もありません。市場がグローバル化するに従い、国際的な競争力をつけねばならなくなった企業にとって、コストの削減は至上命令です。その結果、知識や技能よりも、何も考えることなくマニュアルどおりに従うこと、理不尽なことにも反発しないことが企業にとっての理想的な人材となります。

七〇年代、つめこみ教育、知識偏重を中心となって批判したのは日本教職員組合（日教組）でした。そのため、ゆとり教育を文部省がいいはじめたときに（一九七七年告示の学習指導要領）、日教組の要求が通ったとか、世論の力で変わったなどといわれましたが、じつはその裏には経済界の要求の変化があったということです。そういう意味では、ゆとり教育は、当初は経済界と行政と教師の要求がシンクロしたうえに生まれてきたものといえるかもしれません。

経済界の要請に応えるかたちで動く文部行政

臨教審がはじめ強く求めようとしたのは、じつは教育の自由化でした。このときは文部省の抵抗にあい、「個性化」へと方針をシフトします。まだ、日本の経済はゆるやかにはなったものの成長を続けており、経済界にとって教育の自由化がそれほど切羽詰まった要求ではなかったこともあります。九〇年代に入って、文部省自身が自由化をいいだしたのは、深刻な不況が日本経済に打撃を与え、政府にとってコストの削減が不可欠であることが強く認識されたためでしょう。結局、臨教審の当初の路線がいま、教育改革として進められることになりました。臨教審の会長だった岡本道夫氏（京都大学名誉教授）は、つぎのように言っています。

「いろいろありましたが、いまでは文部省があの路線を忠実に実行してくれている。役所というのは不思議なものですな」

次ページの表をご覧ください。臨教審以降の経済界の教育問題に関する動きをまとめました。

臨教審が解散した翌年一九八八年には、経済同友会（企業経営者が個人の資格で参加する団体）のなかに「教育委員会」という研究・提言のための組織が設けられ、以降、経済界からさまざまな提言がつぎつぎと出されていきます。

一九八〇年代後半からの経済界の提言を具体的に見てみましょう。

臨教審発足の翌年、一九八五年に財界四団体（経済団体連合会・日本経営者団体連盟・経済同友会・日本商工会議所）の協賛で運営される日本経済調査協議会が出したのが、「二十一世紀に向けて教育を考える」という報告です。

この報告では、まず、創造的な人間を「天才」「能才」「異才」の三つのタイプに分けます。

そして、

年	◉経済界の動き	◉行政の動き
82	日本経済調査協議会（財界四団体）が教育問題を取り上げる	
84		臨時教育審議会発足（87年まで）
85	日本経済調査協議会「二十一世紀に向けて教育を考える」報告	
88	経済同友会が「教育委員会」設置	
89		指導要領告示（生活科創設）
91		中教審答申（教育制度の改革を示唆）
93	東京商工会議所「わが国企業に求められる人材と今後の教育のあり方」	
94	経団連「新しい高等教育のあり方についての提言」 東京商工会議所「新しい高等教育のあり方についての提言～自主開発型人材の育成と複線型高等教育の構築に向けて」	
95	日経調「理工系大学教育の抜本的充実に向けて―創造的人材育成強化のために―」 経済同友会「学校から『合校』へ」 日経連「新時代の日本的経営」 日経連「新時代に挑戦する大学教育と企業の対応」	
96	日経連「創造的な人材の育成に向けて～求められる教育改革と企業の行動」	中教審第一次答申
97	東京商工会議所「人材流動化時代の企業人教育のあり方」 日経調「歴史認識と歴史教育」 京都経済同友会　「『教育と道徳』について考える」 同友会「『学働遊合』のすすめ」	中教審第二次答申 経済企画庁「教育経済研究会」発足――報告書「エコノミストによる教育改革への提言」 行政改革委員会、通学区域制度の自由化を要求

	日経連「グローバル社会に貢献する人材の育成」	
98	日経連「『変わる企業の採用行動と人事システム』事例集～教育改革に向けての企業からのメッセージ」	中教審答申（心の教育の重視） 教課審、教育課程改善の方針
99	東京商工会議所「時代を担う子どもたちの健やかな成長を支援するための地域企業の協力について～教育現場の荒廃や多発する少年事件を憂えて」 日経連「エンプロイヤビリティの確立をめざして―『従業員自律・企業支援型』の人材育成を」 同友会「創造的科学技術開発を担う人材育成への提言」	「21世紀日本の構想」懇談会発足 新指導要領告示（三割削減、学校五日制）
00	経団連「グローバル時代の人材育成について」 京都経済同友会　「世紀末の日本と教育改革（緊急提言）」 日本商工会議所　「教育改革国民会議中間報告に対する意見」	学校教育法規則改正（民間人校長可） 「21世紀日本の構想」懇談会最終報告 教育改革国民会議発足 教課審、絶対評価に改める方針 国民会議報告「教育を変える17の提案」
01	同友会「学校と企業の一層の相互交流を目指して～企業経営者による教育現場への積極的な参画」	
02	商工会議所「教育のあり方について～『健康な日本』を担う優れた人材の育成を目指して～」 同友会「『教育基本法を考える会』教育基本法改正に関する意見書」 日経調「21世紀の教育を考える―社会全体の教育力向上に向けて―」	文科省アピール「学びのすすめ」 「心のノート」配付
03	同友会「『若者が自立できる日本へ』～企業そして学校・家庭・地域に何ができるのか～」	中教審答申（指導要領の改訂の方針） 指導要領一部改訂

この三つ以外の普通の人間は、凡才、非才であって、アリエティ（引用者注・精神医学者）も指摘しているように、大多数の普通の人間は能才的創造性の域にさえ到達できない。

と述べ、いまの教育では「天才」「能才」「異才」の能力を伸ばすことができないとします。

卓越した指導能力、責任感、自負心、優秀な知的能力、国際性、人脈、恒産などを兼ね備えたエリート集団が強力、少数、排他的ないしは世襲的な、一つの「階級」を形成するのがヨーロッパ型の社会だとすれば、日本の社会はこれとは異なり、エリート集団の範囲、輪郭が比較的曖昧で、競争を通じて参入する道がいわば万人に開かれている。

しかし日本型のエリートには依然として次のような問題点があることは指摘しておかなければならない。それは、日本型のエリートがあくまでも日本型の社会システムにおける競争の勝者にすぎず、国際的に通用する個人としての「強さ」をかならずしも備えていないこと、およびエリートに不可欠な育ちのよさと古典的教養という点で見劣りがすることである。

「万人に開かれている」ことは民主主義社会の基本のはずですが、それをエリートが育たず、「育ちのよさと古典的教養」がないという弱点の要因ととらえています。先ほど紹介した三浦朱門氏の発言の主旨と基本は同じで、三浦氏ら教課審のメンバーの考えがけっして新しいものではなく、この当時からいわれてきた考えを、そのまま教育の方針としてあからさまにしただけだということがわかります。

この後、一九八九年に学習指導要領が改訂されます。「これまでの画一化した教育を見直し、学ぶ意欲を育てる」とし、「新しい学力観」といわれる考え方を文部省は示しました。自ら学ぶ意欲を育てるため、教科学習の評価に「意欲・関心・態度」が加えられました。そして、それは教科内容の「知識・理解」より重要な観点であるとされました。指導要録（一人ひとりの評価を記録するもの）にも、評価の観点が「意欲・関心・態度・知識・理解」の順に掲載され、高校入試では、試験結果よりも教科外の活動（生徒会活動や部活動、ボランティア活動など）の評価が記入された内申書が重視されるようになっていきます。

もう一つ、この「新しい学力観」で強調されたのは、「個性の尊重」でした。とても耳障りのいいことばですが、ことば本来の意味で一人ひとりの個性を尊重するということではありません。当時よくいわれた「算数のできない子は、算数ができないのが個性だ。それを無理に教えてはいけない」ということばに象徴されるように、勉強ができる・できないを固定してそれを個性ととらえ、これまでのように「指導」してはいけない、「支援」するだけだといい、学習ができないことをいわば自己責任に帰す意味での「個性の尊重」です。要するに、「できんものはできんままでいい」、それが個性なのだから、いや、どうせ使われる側の人間になる奴によけいな知恵をつけないほうが、後々、使う側にしてみればラクなのだ、ということなのです。

臨教審、そして「二十一世紀に向けて教育を考える」の提言がかなりの点で反映されていることがみてとれます。

一九九五年四月には、経済同友会が「学校から『合校』へ」という提言をまとめています。これは、さまざまな意味で画期的なものでした。タイトルからして、「学校」をこれまでとは一変させるということを如実に表していますが、要するに学校をスリム化し、公教育の縮小を図ろうというもので、そのためのモデルを具体的に提示しています。

この提言が提案するのは、まず、現在の学校の機能を「基礎教室」「自由教室」「体験教室」の三つに分け、このうちの「基礎教室」だけを公立学校の機能とすることです。この「基礎教室」は言語能力と論理的思考能力、日本人としてのアイデンティティを育むところと位置づけられています。そして、社会科学や自然科学の発展学習、芸術教育を行う「自由教室」（無学年制）とクラブ活動や行事的なことをする「体験教室」は、地域や企業、民間教育機関（塾やカルチャースクール）などが運営し、親が自由に選ぶようにします。この三つの教室がゆるやかなネットワークを組み、「合校」となる、というのが提言の示すモデルです。

ほかにも、通学区域の自由化などがここで示されています。

次節で詳しく述べますが、この年、日本経営者団体連盟（日経連）は「新時代の『日本的経営』」のなかで、これからの雇用関係を、ひと握りのエリートと、少しのプロフェッショナル、そしていつでも切り捨てられる大多数の労働者という構造に切り替えることを提案しています。それは、人間を子どものころからこの三種に分けて教育すべきだという発想とつながっていきます。

この年から、教育改革は加速度的に進行していったと私はとらえています。

翌一九九六年、財界総本山といわれる経済団体連合会（経団連）は「創造的な人材の育成に向けて——求められる教育改革と企業の行動」という提言を出し、カリキュラム編成の弾力化、学校選択の幅の拡大、飛び級の実施拡大などを訴えます。

同年七月に中央教育審議会（中教審）の「二十一世紀を展望した我が国の教育のあり方についいて」の第一次答申が、九七年六月に第二次答申が出ますが、ここでは「生きる力」「ゆとり」がキーワードとなっています。第一次答申では、「開かれた学校づくり」が強調され、「地域の人々や父母の非常勤講師・学校ボランティアとしての参加の促進、学校施設の開放と管理運営体制の整備、学校と社会教育施設などとの複合化についての検討」を提言しています。第二次答申では、「一人一人の能力・適性に応じた教育を展開していくという考え方に立って、これまでの教育制度や入学者選抜の在り方などを見直し、様々な改善策を提言する」とし、「教育制度については複線化構造を進め、画一的なシステムを柔軟なものにすることを基本に提言」と述べ、中高一貫教育を打ち出しました。

第二次答申の出た四か月後、経済企画庁経済研究所が経済学者たちを集めて「教育経済研究会」を開きます。その後約半年間にわたって議論した内容を「エコノミストによる教育改革への提言」という報告書にまとめていますが、そこでも小中学校について、「現在の公立学校制度を、できるだけ多様な消費者のニーズに対応できるシステムに変えることが必要である」としています。

経済界の要請に対応するかたちで、急速に教育制度が変えられてきている――それが一九九〇年以降の教育改革の動きであるととらえることができるでしょう。

3　新自由主義に則った改革とは

国家にとっての教育の考え方

小渕首相の諮問機関であった、「二一世紀日本の構想」懇談会（座長・河合隼雄）が二〇〇〇年一月に出した「二一世紀日本の構想」という報告書は、いまの教育改革を非常によく表しています。

ところで、広義の教育、すなわち人材育成にかかわる国家の機能には、質的に異なるいくつかの側面があることに注意しなければならない。第一に忘れてはならないのは、国家にとって教育とは一つの統治行為だということである。国民を統合し、その利害を調停し、社会の安寧を維持する義務のある国家は、まさにそのことのゆえに国民に対して一定限度の共通の知識、あるいは認識能力を持つことを要求する権利を持つ。共通の言葉や文字を持たない国民に対して、国家は民主的な統治に参加する道を用意することはできない。また、最低限度の計算能力のない国民の利益の公正を保障し、詐欺やその他の犯罪から守ることは困難である。

あまりにも国民が無知蒙昧であれば、社会の秩序を理解させることもできないから、一定程度の読み・書き・計算の教育は必要である、ということです。そして、つぎのように続けます。

そうした点から考えると、教育は一面において警察や司法機関などに許された権能に近いものを備え、それを補完する機能を持つと考えられる。

義務教育という言葉が成立して久しいが、この言葉が言外に指しているのは、納税や遵法の義務と並んで、国民が一定の認識能力を身につけることが国家への義務であるということにほかならない。

国家は知識・認識能力をもつよう「要求する権利を持つ」のだから、警察並みの強権をもって無理にでも一定程度の知識は身につけさせよ、といっているように読みとれます。教育基本法は、「教育は、人格の完成をめざし、平和的な国家及び社会の形成者として、真理と正義を愛し、勤労と責任を重んじ、自主的精神に充ちた心身共に健康な国民の育成を期して行わなければならない」(第一条)として、社会を形成する人間として教育が施されるべきであることと、一人ひとりの人格完成のための教育という二つの面をうたっていますが、ここでは、国家のための教育という考え方が非常に強調されています。

一人ひとりの人格完成については、

しかし、同時に教育は一人ひとりの国民にとっては自己実現のための方途であり、社会の統一と秩序のためというよりは、むしろ個人の多様な生き方を追求するための方法でもある。この第二の側面においては、国家の役割はあくまでも自由な個人に対する支援にとどまり、近代国家が提供するさまざまなサービスの一つに属すると考えるべきであろう。

同時に、サービスとしての教育の分野においては、その主要な力を市場の役割にゆだね、あくまでも間接的に支援の態度を貫くべきである。

と述べます。つまり、国家の利益に直接にはつながらない一人ひとりのための教育は、国家がやる必要はない、学びたい人は自分のお金を使って自由に学びなさい、といっているわけです。お金持ちでない家の子どもは勉強するな、といっているようなものです。

新自由主義とは何か

佐藤学氏（東京大学教授）は、「現代思想」（二〇〇二年五月号、青土社）に掲載された私との対談でつぎのように発言しています。

教育学の関係でいえば、私は最初の段階から新自由主義に対する批判を展開したんだけど、ときには文部省擁護に回りましたので、まったく少数派でした。新自由主義のもとで国家対個人という批判はほとんど無効化したわけです。それを第一段階とすれば、第二段階は一九九一年の中教審答申で高校教育に総合学科をつくり、選択中心のカリキュラムに移行しました。それに続く第三段階はドラスティックで、一九九五年の自社の連合政権の下で、二一世紀の学校プログラムが様々に提示され、経済同友会が「合校論」を出す。（中略）

この段階で私は、新自由主義による教育改革の翼賛体制が出来上がったと見ています。（中略）

さらに公教育のスリム化をもう一歩進めたのが第四段階で、小渕内閣の二一世紀懇談会です。

第一次オイルショック後、経済危機に陥った先進諸国は、経済を活性化し安定させるために、計画経済的なケインズ流から、新自由主義（新保守主義）経済へと転換を図ります。新自由主義とは、単純にいえば「個人の自由と責任に基づく競争と市場原理を重視する考え」（『現代用語の基礎知識』）です。社会保障を充実させる「大きな国家」ではなく、国家の役割を最低限度に抑える「小さな国家」をめざす立場だと一般に理解されています。具体的な政策としては、国営企業を廃し、医療や教育・福祉などの公共的サービスを市場に委ねること、許認可権限を削減するなどの規制緩和を進めること、税金の直間比率を見直すことなどがあげられます。これによって企業活動を活性化させるわけです。

一九八〇年代の、アメリカのレーガノミックス、イギリスのサッチャリズムなどが典型的な例です。日本では、まず一九八二年に誕生した中曽根内閣がこれに同調し、「戦後政治の総決算」として国鉄や電電公社などの民営化、土地利用・金融関係の規制緩和、大型間接税の導入（これは当時は実現しませんでしたが）を図りました。

いまの構造改革も、新自由主義のなかで進められているものです。

たとえば、従来税金でやっていた高齢者福祉が保険制度となり、四十歳以上の人は全員、介護保険料を払うことになりました。しかし、六十五歳になったときに全員、福祉で面倒をみてもらえるというわけではありません。介護認定を受けて、寝たきりであるなどのかなり重い症状でなければ、保険料は掛け捨てです。そこで、余裕のある人は民間の生命保険会社の介護保険に加入します。こちらは、症状に応じての保障があり、また健康であれば返金もされます。つまり、国にとっては財政面の解決になり、民間企業にとっては利益があがる仕組みができるわけです。結果、「持てない者」にとっては老後は不安だらけということになりますが、「持てる者」はなんの心配もいりません。このように、新自由主義の政策は、弱い者を切り捨てたうえに成り立つようになっているのです。

「勝ち組」「負け組」に人間を二分する

新自由主義の特徴は、国家の責任を縮小し、市場の原理に任せ、最終的な責任は個人が負うことを求めることです。ここに、「持てる者」「持てない者」、あるいは「勝ち組」「負け組」の線引きをする意識が生まれてきます。

一九九五年、日経連の出した「新時代の『日本的経営』」という報告書は、雇用・終業形態の多様化、成果主義に基づく賃金体系の導入などを提言し、以後、リストラの理論的支柱となっていくものでした。先に37ページで少しだけ紹介した、あの報告書です。

このなかで、これからの人事戦略として企業は、従業員を、

①長期蓄積能力活用型グループ

②高度専門能力活用型グループ

③雇用柔軟型グループ

の三つのタイプに分け、総人件費を抑えて活用していくべきだと述べています。

①の長期蓄積能力活用型は、おもに大学院卒の新規採用者を想定しており、将来の幹部候補生である、いわばエリートコースの人たち。基本的に終身雇用で、社会保障も充実してい

ます。
②の高度専門能力活用型は、経理や営業、研究など特定の職種の専門家たちです。かならずしも終身雇用ではなく、三年なら三年の契約で特定のプロジェクトを進めます。その間の給料はかなりいいはずですが、契約が切れた後、再契約するかどうかはわからない、という不安定さがあります。プロ野球選手のような働き方といっていいと思います。
③雇用柔軟型は、それ以外のすべての人たちです。会社が雇いたいときに雇い、クビにしたいときにクビにできる労働者ということです。いつクビにされてもおかしくない状況では、なにがあっても絶対に上に反抗できなくなります。面倒なやつ、邪魔なやつと思われたら最後、すぐクビになってしまうのですから、上司のいうとおりに動くしかありません。私の感触では、この③のグループにおそらくは七、八割の人が組みこまれることになります。
ここに、人間の平等や公平といった考えはまったくありません。むしろ、企業の論理でもって積極的に人間を選別し、そこに不平等や不公平を持ちこむ考え方といえるでしょう。現実に雇用の多様化の現状を見ていくと、おのおのの待遇の格差が広がっているばかりでなく、それが一種の身分の差のようになってきています。

市場原理にすべてを委ね、失敗も成功も個人の自己責任で、その保障はしない、という新自由主義は、その理論上、人間に線引きをするこのような考えにならざるをえないのです。新自由主義以前から、経済界にはエリート意識・支配者意識があり、「持てる者」「持てない者」の区別をしてきました。教育に関しても、たとえば、

教育および社会における能力主義の徹底に対応して、国民自身の教育観と職業意識も自らの能力や適性に応じた教育を受け、そこで得られた職業能力によって評価、活用されるという方向に徹すべきであろう。（一九六二年、首相の諮問機関である経済審議会の答申）

というように、分をわきまえた教育を受けるべきだという考えを、しばしば表明していました。しかし、国民の平等や公正は建て前としてではあっても意識されており、「新時代の『日本的経営』」にみられるような人間を類別することが正面に掲げられることはありませんでした。

それが、新自由主義が経済の主流になってくるにつれて、ひと昔前までは避けられていた差別的な発言がごくごく普通に語られるようになっていきます。

後に小泉政権で経済財政相などを歴任することになる竹中平蔵氏は、慶応大学教授だった

当時、このように述べています。

経済格差を認めるか認めないか、現実の問題としてはもう我々に選択肢はないのだと思っています。みんなで平等に貧しくなるか、頑張れる人に引っ張ってもらって少しでも底上げを狙うか、道は後者しかないのです。米国では、一部の成功者が全体を引っ張ることによって、全体がかさ上げされて、人々は満足しているわけです。実質賃金はあまり伸びないけれども、それなりに満足しているのです。

（「日経ビジネス」二〇〇〇年七月十日号）

竹中氏は、「明らかに金持ち優遇税制が必要な時期なのです」とも発言していますが、もっとはっきり、「貧富の差を広げたらどうでしょうか」といったのは、前田建設工業会長の前田又兵衛氏（「週刊文春」一九九七年十月二十三日号）です。

彼らのような考え方はトリックリング・ダウン・エフェクト（浸透効果）と呼ばれています。金持ちを優遇すると、その下の階層の人々にもポタポタと水滴が落ちるように利益が垂れ落ち、それによって社会全体の底上げもできるというものです。

一部の金持ちとそれ以外、一部の富める者とそれ以外と分けることで、この理論が成り立っているからこそ、これまで差別とされてきた言動があたりまえのこととしてなされるようになってきているのです。

いつのまにか意識も新自由主義化していく

教育改革も構造改革のなかで進められてきたものですから、この新自由主義的な思潮が底流としてあります。これまで教育改革について述べてきたなかでたびたび「選択の自由」「自己責任」ということばを使いましたが、これは新自由主義のキーワードでもあります。

あなた方国民一人ひとりに「選択の自由」があります。失敗しても成功しても、それは個人の「自己責任」です——通学区域の自由化、中高一貫校の設置、学習内容の多様化、学校間格差の承認などの経済界の提言、それを具体化したような中教審答申や学習指導要領にその思想が表れています。しかも、「勝ち組」「負け組」は半々ではありません。多くの「負け組」とひと握りの「勝ち組」という構造でなければ、「一部の成功者が全体を引っ張る」構図にはなりません。百人に一人の「勝ち組」と九十九人の「負け組」にくっきりと区分したいのです。

それゆえ、そこに平等・公正を建て前ともせず、子どもを「勝ち組」「負け組」に振り分け選別する思想が生まれてくるのです。くり返しになりますが、学校制度が多様化したからといって、「選択の自由」がすべての子どもに保障されるわけではありません。むしろ、出身階層によって「負け組」でいることを多くの人が引き受けざるをえない、そんな状況を生み出しかねません。そして、それは子どもの心の中にも、自分は「勝ち組である」「負け組である」という意識を植えつけていくでしょう。

しかし、これらの政策が急速に進んでいるのは、財界のせいばかりでもありません。

近年、学校教育への不満をだれもが抱えていました。教師は教育する自由を求め裁量の拡大を望み、親は地域に開かれた学校を子ども一人ひとりに合った学校をと要求してきましたが、なかなか改善されません。そこに、財界の意を汲んだ行政側から「構造から改革する」ための「教育改革」案が出されました。それに乗っていけばこれまでの不満が解消され、学校教育が根本から生まれ変わる、という期待をもってそれに同調するかたちで、いっしょになってこの路線を進めてきたわけです。先ほど、佐藤学氏の「教育の新自由主義翼賛体制」ということばを紹介しましたが、それはこのように行政・財界からの提案が、経済の領域の事情を知らない親・教師から歓迎され、いっしょになって促進していく、そのような状況をさしています。

これは、サラリーマンの間で成果主義が受け入れられたことと似ています。年功序列にはたしかにさまざまな悪弊もありました。これまで年功序列で、どうみても実力があるとは思えない上司がふんぞり返って高給をとっていた、本当は私のほうが仕事ができるのに……という意識が、成果主義を受け入れる土壌になったのではないでしょうか。成果主義を導入した結果、同僚どうしで顧客を奪い合い、上司の顔色をこれまで以上に伺い、同期と給料の多寡をさぐり合うことになり、社内の雰囲気が悪化したとして、見直す企業も出はじめていますが、新自由主義が底流に差別・選別の思想を置く以上、その流れに乗った改革が人と人とを分断することにつながるのは当然ともいえます。けれど、「私なら勝ち組になれる」という思想がいつのまにか個々人のなかに形成されていたからこそ、大きな反論もなく受け入れられていったことは否定できません。そこに差別・選別の思想があるということには気づかずに、他人よりももっと評価されることを求めて、個人対個人が争います。かつては、個人対会社、または労働組合対会社とで意見をたたかわせていました。それが、個人間の競い合いへと変化するなかで、個々人がけっして結びつくことのできない社会へと変貌を遂げていきます。

教育改革も、進むにつれて、その弊害はかならず目に見えるかたちで表れてきます。「いい学校」に行くための地域の親どうし・子どもどうしの競争、「悪い学校」へ飛ばされないよう教育内容の良し悪しよりも管理職の顔色をまず伺う教師、親の人気取りと教育委員会の意向に従うことのみを優先する管理職……。

いじめが多発したり、不登校や高校中退が増加したりと、たしかに学校教育を変える必要のある面は多々あります。教育改革は必要でしょう。しかし、新自由主義を底流においたいまの改革では個々人を分断し、弱者を切り捨てることにしかなりません。

善意の人々が取りこまれる怖さ

学校教育にもっと自由がほしい、地域に開かれた学校にしてほしい――以前からの親や子ども、教師の願いは、今回の教育改革でかたちとしてはかなりの部分が叶ったわけで、国が国民の要求を実現したというのは一面の真実です。ただ、その実態が願っていたものとはじつはちがうのだということです。

このような現象は、しばしば起こります。たとえば健康保険証の個人化の問題は、長い間、男女平等を訴える人たちが要求してきたことでした。国はこれに対し、家父長制の崩壊を恐れる意識から却下してきました。ところが、一九九〇年代半ばに政府の対応が一転し、二〇〇一年に個人化されます。これは、住民基本台帳ネットワークが二〇〇二年からはじまったことに対応し、いずれ健康保険証もICカード化するためでした。そして、ゆくゆくは一人ひとりの医療費、治療状況を全部国家が管理できるようにしたい、という意図があるのです。かたちとしては男女平等を訴える人たちの要求が通ったことになりますが、けっして国が家父長制という古い価値観を改めたからでも、男女平等への理解を深めたからでもありません。

かたちとしての実現がイコール理念の実現ではありません。実態をよく見ないと、本質をとらえそこなうことになります。

これはまったくの個人的な印象なのですが、比較的教育程度が高く、かならずしも体制に与しなくてもよい立場にいられる職業の人たち――弁護士や医師、マスコミ、教師など――が、近年の構造改革のなかで体制に取りこまれていっているように感じています。これらの人たちを取りこむことで、行政側がスムーズに改革を進めているようにみえるのです。

司法制度改革を例にあげると、冤罪の温床といわれる代用監獄の問題、裁判官の官僚化の問題などをこれまで批判してきた良心的な弁護士たちを含めたかたちで、法曹界が一体となって進めています。にもかかわらず、実際に、そこで出されている改革の具体的内容は、弱い立場だが、せめて裁判で争おうとする側を完全に視野から捨て去っているとしか思えないものです。たとえば、敗訴者負担の問題。これは、裁判で負けたほうが裁判費用を負担するという制度です。このような制度のもとでは、企業や国のように強い相手を訴えることはできません。行政裁判など、これまでは負けさせられることを予想しつつも、問題提起の意味をもって裁判に訴えるようなこともありましたが、そんなこともできなくなるでしょう。また、この改革によって、トラブルが起こらないように相談に乗ったりするのではなく、トラブルが起こってから裁判で解決します、という事後規制の方針も打ち出されました。私たちとしてはできるだけトラブルにならないように、なっても裁判までいかないようにというのが本来の願いですが、法曹界外のそのような意見は取り入れず、強い司法へと急速に改革を進めているのです。

そもそも法曹界はこのままではいけないという危機感をもっていた人々は、なかなか改善されないことにフラストレーションを感じていました。その人々にとって経済界の主張はとても新鮮に映りました。そこで、それを既存の体制を改革することのできるエネルギーと受けとめ、経済界と連動するかたちで改革を進めようとしたわけです。ところが、それがいつのまにか経済界の主張の方向へと取りこまれ、本来改革すべきである代用監獄の問題などは忘れられて、「法の支配」ということばを強調する方向に進んでしまった、というのがいまの司法改革の流れです。

医療改革も大学改革も教育改革も、同様に善意でやっている当事者が巧妙に取りこまれるかたちで進んでいます。新自由主義というのは、「マルクス主義の転向形態」であると佐藤学氏が述べていましたが、比較的教育程度が高く反体制の気質をもっている人に入りこみやすい思想といえるかもしれません。

ものごとはひとすじ縄では進みません。さまざまな立場の人の意向が縄をなうようにたばねられ、制度や政策をかたちづくります。かたちの実現だけにとらわれず、その実態を現場で身をもって感じ、本質はなにかということを鋭くとらえることが、これからの時代には非常に重要になっていくでしょう。多くの人がそんな鋭い目で政治や経済の動きを見ていくことが、教育という未来につながる営みを歪ませないための力にもなるだろうと私は思っています。

次章では、教育改革によって引き起こされている民主主義を危うくするような管理の現状、そこに潜む差別の感情について具体的にみていきたいと思います。

第2章

差別の目と管理の網

1　知らないうちに管理社会の時代に

警察から出向した職員が教育委員会に

住民基本台帳ネットワークシステムが稼働しはじめました。いまのところ、住所・氏名・年齢など基本的なものだけしか組みこまれていないということですが、これに健康保険をまず加え、さらに身分証明書や公的年金カード、そして納税へとその機能を広げたいという意向は、経済産業省の資料でも明らかです。いよいよ、国家による国民の一元管理へと向かおうとしているのではないか、政府から絶えず監視される社会になってきているのではないか――盗聴法の施行、道路やコンビニなど町中に張りめぐらされていく監視カメラ網、空港への「顔監視システム」の設置などの状況を見るにつけ、そんな不安を感じずにはいられません。

学校も例外ではありません。むしろ学校が子どもたちのための空間という社会からある意味で隔絶された場所であったがために、ここへ来て一気に、世間以上に管理・監視が及んでいるともいえます。

たとえば、北海道室蘭市では、警察から出向してきている職員が、教育委員会で主任としてプロバイダー機能を担っています。

室蘭市はとてもＩＴ教育のさかんなところです。市内の各小中学校、高校を結ぶインターネット環境を整備し、小学生と中学生がメールでやりとりをしたり、中学校の先生が小学校に遠隔授業をしたりと、かなりパソコンが活用されています。このプロバイダー役を果たしているのが、市教育委員会の内部機構「情報教育センター」です。そもそもは、アダルトサイトなど有害なサイトに子どもたちがアクセスしないためにという理由で、市教委がプロバイダー機能を担うことになったといいます。

しかし、このセンターはただのプロバイダーではありません。子どものメールでも教師のメールでも、いつどの学校のだれがどの学校のだれあてにどんな内容のメールを出したか、ということを知ることができるシステムになっています。むろん、主任は、

「覗き見みたいなことはやりたくないし、対象はざっと二万五千人ほどになるので、実際、

できるものでもありませんが」

と言います。

しかし、各自治体の財政が逼迫しているなか、必要のないシステムが完成されるはずはありません。いずれ必要となることを想定してつくられたシステムではないか、との疑問を抱くのは不自然なことでしょうか。

このセンターでは、メールだけでなく一つの幼稚園、十二の小学校、五つの中学校に設置されたすべての防犯カメラの映像を見ることもできます。安全を守るためという建て前のカメラであっても、商店街の監視カメラ同様、つねに見張られているという面は否めません。公共の空間は〝みんなのもの〟という前提がありますが、このような監視が警察によって行われることによって、その空間は警察のもの、と位置づけられることになります。学校でこれらの管理が警察から出向している人物によってなされているこの室蘭の例は、大変危うい面をもっているといえます。

学校現場に警官が入ってくる

この主任は、情報教育センターに行く前に、まず市内の中学校に音楽教師として配置されています。当時、地元紙「室蘭民報」には「先生は元刑事さん」というほのぼのとしたタイトルで記事が載りました（一九九五年四月五日付）。

それまでも、警察と教育委員会との人事交流はあり、たとえば東京都の教育委員会に警視庁の人が行き、警視庁に教育委員会の人が行くということは行われていました。しかし、学校現場そのものに警官が配置されたケースを、このとき私は初めて聞きました。

警察官は、大人の犯罪者に対する機会が多く、非行少年などにもしっかりとした対応ができるということで、教育委員会の側も学校に警察を入れたいという思いがあります。少年犯罪の深刻化、大阪教育大学附属池田小学校の事件など学校を舞台とした事件の多発を受け、警察の学校への介入はより加速化していくものとみられます。

しかし、私は安易に警察を招き入れることは、管理社会化を促進する危険性があることも自覚しておく必要があると思っています。社会学者の酒井隆史氏（大阪女子大学講師）は、つぎのように語っています。

たとえばアメリカではゼロトレランス政策（「寛容なし」政策という意味です）というジュリアーニ（引用者注・前市長）とニューヨーク市警が組んでものすごい浄化政策をや

った取り締まり戦略があります。ホームレスがいたら排除する、あるいは彼らのいう犯罪の温床になっている場所をクリーンナップしていくという政策を徹底的に行ない、微罪であれ犯罪をおかす確率の高いとみなされたカテゴリーの人びと（エスニック・マイノリティとか）はどんどん逮捕される。（中略）ここで重要なことはクリントンが、ゼロトレランス政策を教育現場に取り入れたということです。九〇年代のアメリカの学校改革はこうして進み、学校にポリスを常駐させる。学生が校則を破ったら、その学生の家庭環境やその背後にある彼の規則やぶりにいたった意図であるとかはいっさいおかまいなしに、「オルタナティブスクール」と呼ばれる、ある種の学校つきの「少年院」のような施設に入れて孤独に反省させる。

（「インパクション」一三五号、インパクト出版会）

東京都では、二〇〇三年、「子どもを犯罪に巻きこまないための有識者会議」で、スクールサポーター制度をつくり、警察官ＯＢを組織して非行少年の説諭に当たらせるという提言が出されました。

子どもの安全の保障は最優先の課題ですが、そこから子どもの管理・監視・取り締まりへと進行していく可能性があるのならば、「警察に任せておけば安心」という考え方でいてはならないだろうと思います。アメリカの例のように子どもたちを犯罪者予備軍と見なし、警察の権力で取り締まるようなことになれば、学校は失敗したりはみだしたりする余裕のない息苦しいところになるばかりでなく、国民の一元管理へと向かうための〝基地〟の役割を負わされることになってしまうでしょう。

2 自己規制に追いこまれる教師たち

教師への管理が強まっている

「夏休みがあるから教師はいいよね」といわれたのは昔の話です。いま、教師たちには夏休みがなくなりました。「それで普通じゃないか」と思う人もいるかもしれませんが、教師という職業にとって、夏休みは別の意味がありました。

もともと教師も八時間労働が基本ですが、そうとばかりもいっていられない事情がありま す。たとえば、夜間であっても子どもにトラブルがあった場合には駆けつけなければなりま せんし、土日も補習や部活動の指導、他校との試合のための引率、行事などがあります。これまで〝夏休み〟とされていたのは、それらの代休としてまとめて休むことが認められていたからです。また、支障がないと校長が認めれば勤務場所以外での研修ができるという教育公務員特例法を活用して、夏休みの間の自宅での研修、あるいは自主的な研究会への参加が承認されていました。

ところが、二〇〇二年度からこれが認められなくなりました。文部科学省は、夏休み中の教師の勤務管理を徹底するよう、通達を出しました。この結果、子どもが一人も登校せず、仕事がないときでも学校に来なくてはならず、学校以外の場での研修には詳細なレポート提出が求められ、その作成に追われます。また官制以外の研究会は校長の承認が出ず、年休をとって参加しなくてはならないという話も多く聞くようになりました。

管理がきびしくなったのは、夏休みだけではありません。他県の教育委員会に研修会の講師として呼ばれているのに、校長の許可が出ず、年休をとって講師にいくという話もあります。教育改革の先取りをしているといわれる東京都では、都立高校二十校に、二〇〇二年九月からタイムカードを導入しました。不正の温床になりやすいとの理由でこれまでの出勤簿に印鑑を押す方式をやめてタイムカードにするとのことですが、記録されるのは出勤時間だけだといいます。つまり、いくら残業をしてもそれはサービス残業で、タダ働きにされるのです。

これまでよりもきびしく教師を締めつけ、学校への支配体制を強めようとしているのです。

いくつかの自治体では、教師に対し、成果主義的な人事考課制度を導入しはじめました。業績・能力・意欲・態度などの評価によって、給料に差をつけ、人事異動にも反映するというものです。

人事考課が上司の思惑に左右されやすいものであることは、民間企業を考えればすぐおわかりでしょう。教育というのは数字には表しにくい（また、表せるようではおかしい）仕事ですから、その思惑はより影響しやすくなります。また、評価をするためのさまざまな書類の提出が新たに求められます。たとえば、東京都では、教師は校長の定める「学校経営方針」を踏まえて自己目標を設定し、その達成状況を自己評価して申告し、そのうえで校長・教頭の面接や授業観察などを受け、五段階の評価を受けるのです。

近年、書類作成の仕事が増え、そのことによって教師が子どもに接する時間を奪われるという状況が生まれていましたが、給料や人事に影響する評価がからんでくることで、いっそう教師の目は子どもから離れ、書類作成に励まざるをえません。そして、評価を気にする教師は、国や教育委員会が理想とする「いい子」をつくることだけにやっきにならなければならなくなっていくでしょう。

また、指導力不足のいわゆる〝不適格教員〟の認定も大きな問題です。各都道府県教育委員会が〝不適格教員〟を認定し、数年間の研修を受けさせて現場に戻す、などの方法がとられています。

実際、学校には〝不適格〟な教師も少なくありません。わいせつ行為を働いたり、体罰を加えたりしたという事件は数えきれませんし、二〇〇三年には教師が校長を脅迫してお金をゆすりとろうとしたという事件もありました。事件性がなくても、たとえば教え方や子どもへの接し方がとても見過ごせるものではない、という態度の教師もいます。そういう教師に対し、なんらかの対応策を考えるのは当然です。

けれど、〝不適格〟の基準を客観的に決めるのは非常に難しいことです。〝不適格〟の認定は各都道府県に任されていますが、基準があいまいなため、本来の意味で〝不適格〟とはいえない、管理する側の恣意的な意思が入りこみます。たとえば、日の丸・君が代に反対する教師を〝不適格〟として認定するケースが急増しています。思想・信条の自由があるのですから、それをもってして〝不適格〟とすることはできないはずですが、現実にこのようなことが行われてしまっています。岡村達雄氏（関西大学教授）は、この問題点をつぎのように指摘しています。

この「指導不適切」基準は日常的な教育活動、学習指導の全般に向けられるために、監督するものと監督されるもの、管理するものと管理されるものとの間の関係は、制度上の服従関係を管理の内面化と日常化をとおして不可視の抑圧関係としてのそれへと変容させる。それは教員に心理機制を働かせ、無意識の内に秩序への順応および管理の受容へと自らを促していくような機能を果たすものとなるであろう。（中略）それは学校における管理の新しい方式であり、自己管理、自己規制による教員支配体制というべきものだ。

（「関西大学文学論集」第五十一巻四号）

人事考課、そして〝不適格〟認定が広まるにつれ、教師は自己規制し、萎縮していきます。かくして、子どものことを考えるよりも管理職や教育委員会の受けをつねに気にし、従順であることを第一義とする教師が増えていくのです。上しか見ることのできない、いわゆる〝ヒラメ教師〟です。

二〇〇三年十一月に放映された、ＮＨＫスペシャル「21世紀・日本の課題シリーズ学校は変われるか　第二回討論学力№１に学べ」という番組で、京都市の御所南小学校が紹介されました。この学校では、学力低下を防ぐために、担任以外に「宿題担当」という教師を配置しています。宿題のプリントの作成、そしてその丸つけ、できなかった問題などの指導をする専任の教師で、子どもたちはその教師のまわりで、とてもたのしそうに学習をしていました。その番組を見た教師たちからはため息がもれました。あんな担当がいてくれたら、うちの学校だってもっとよくなるだろうに、と。

番組のなかでは、校長が教育委員会に掛け合って、通常以上の人員配置をしてもらったと言っていました。しかし、どれほど熱心に掛け合ったとしても、五人もの正規の教員が加配されることなど、通常ありえません。学級が崩壊しているなどの具体的な困難がある場合でも、せいぜい一名の加配までだといいます。

じつは、京都市には各学校に何人教員を置くかについての内規がなく、教育委員会が自由に決められるようになっています。御所南小学校は、一九九七〜一九九九年度までは総合的な学習を柱とした教育課程についての文部省の研究開発学校の指定を受けています。二〇〇〇年度〜二〇〇一年度も継続指定を受け、さらに二〇〇二年度からは文部科学省の「新しいタイプの学校運営に関する実践研究」指定校になるなど、一九九五年の開校以来、最初の二年間をのぞいてつねに研究指定を引き受けています。つまり、文部科学省や教育委員会の方針に従順であるからこそ、このような優遇措置が受けられたのです。

言うことを聞かなければ補助金をあげないよ、という政府の対応をそのまま真似たかのようです。人員配置を武器に、学校に教師たちに自己規制を求め、従順であることを促す――学校の中がそのようなことが通用する社会となれば、子どもたちは安心してのびのびと成長していくことなどできないのではないでしょうか。

〝地域の目〟という管理

教師の夏休みの事情を先ほど説明しましたが、こんなことも起こっています。

(引用者注・夏休みに)年休を取った日に家の外で自動車のタイヤケースを作製していた教師が、そのケースに「私は年休を取っています」と大きく書いて作業したという報告もありました。〝地域の目〟を理由にした管理強化は教職員に対する不信感を根に持っています。

(二〇〇二年十月二十五日、京都市教職員組合の教育研究集会基調報告より)

東京都のある市では、教師は自分の車を学校の敷地内に駐車できないことになりました。「学校という公共の場に、教師の私物である車を停めておくのはおかしい」という地域からの苦情が理由とされています。しかし、学校はもともと交通の便の悪いところに位置することが多いうえ、学級人数分のノートや大きな実物資料を運んだりすることも多く、学校に駐車できないことは、教師の仕事にかなり支障をきたします。

これは「公共」の意味をはきちがえた措置です。地域の声がかならずしも正しいとはかぎりません。ときには、地域の声に異を唱えることも必要になるはずです。

特に、教育や学校の場合はそうでしょう。地域の人というのは、当然、目に見える成果を求めます。しかし、教育にはそれだけでは語れない面があります。そのことを考慮せず、行政側は教師個人の評価や学校の評価（通学区自由化のなかで選択されるかどうか）もちらつかせながら、ひたすら〝地域の目〟を恐れなければならないように仕向けているように感じます。

学校評議員制度など、学校が納税者である地域の人々への説明責任を果たし、かつ地域の声を学校に取り入れる制度が導入されようとしていますが、それを利用して学校や教員を管理の網の中にとらえようとしているのではないか、と私は考えています。

そもそも、いま進められている中高一貫校によって、あるいは通学区域の自由化によって、同じ地域に住んでいても子どもの通う学校は異なることになり、地域は分断されます。それなのに、地域の声を反映せよという矛盾――「地域に開かれた学校」をつくる意図がほんとうにあるのだろうか、という疑問を感じずにはいられません。ＰＴＡが教師と父母の教育についての話し合いの場ではなく、学校の仕事の〝お手伝い組織〟や町の有力者の名誉職のためのものになってしまったように、学校評議員制度も本来の意味とはちがうものと化してしまう可能性が大きいと思います。

効率を求められるなかで追いつめられていく

最近、心療内科やカウンセリングを訪れる教師が増えているそうです。教師たちの信頼を得ている、ある専門医に教師のメンタルヘルスについて話を聞くと、

「教師全体の一割ほどは治療が必要じゃないかと思います。普通の会社員は三パーセント程度ですから深刻ですね」

「上から残業を無理やり押し付けられて過労に至るパターンが多い会社員に対して、先生方は子どものためとかＰＴＡにダメ教師と思われたくないとか、他人を気にして自分で勝手に原因を作っていく点で共通しています」

と語ってくれました。

ゆとり教育として学校五日制が導入されて以来、どの教師も「これまでより多忙になった」

と言います。奇妙なようですが、つまりこういうことです。時間数の削減から始業前や放課後に補習を行ったり、二日休んだ後に登校する子どもたちが先週までの学習を忘れてしまっていたり集中できないためにあらためて復習や指導をしなければなりません。評価方法の変更（相対評価から絶対評価へ）、「総合的な学習の時間」の準備など、これまでとちがう仕事も加わりました。さらに、ここまで見てきたような評価や人事での締めつけが行われるのですから、教師たちのストレスはより高じていくだろうと思います。

企業のきびしいリストラなどに比べれば教員の世界はまだましだ、という声も多く聞かれます。最近の公務員バッシングとも相まって、教師を責める論調にはかなり激しいものがあります。後述するように、民間企業を見習えとばかりに企業の幹部を校長として採用し、市場原理を学校経営に持ちこもうという動きもはじまっています。しかし、教育には企業の論理や市場原理はなじまないのです。子どもたちは失敗をくり返しながら成長していきます。民間と比較し民間の論理を持ちこみ、効率よく教育する、お金をかけない、成果を出すなどを教育の目標にすれば、子どもたち一人ひとりにまじめに対しようとするほど、「効率的でない」と叱責されることになります。

教師は処世術に長けていない分、精神的に傷つきやすい面があるのは事実でしょう。しかし、傷つきやすいという面をおいても、子どものことをまず考えて教育をしようとすればするほど追いつめられるこの状況では、教師が精神的な危機を抱えるのも無理はありません。そして、教師の肉体的・精神的状況は日々接する子どもにストレートに伝わります。教育委員会や管理職に従順になって精神の安定を保てば、子どもに目が行き届かなくなります。結局、そのしわよせは子どもたちにくるのです。

3 子どもの心にまで押し入る管理

意欲・関心・態度を評価する

子どもに対しての管理もまた強化されてきています。

「新しい学力観」に基づき、意欲・関心・態度が評価の対象となったのは、一九九〇年代はじめからのことです。授業内容の理解よりも、意欲や関心を示したかどうか、授業中の態度はどうかということが重視されるようになりました。その結果、笑えない現象が多々生じています。

「意欲」を測るために、授業中の挙手の回数を数え、点数化する。自分の意見を交えたしっかりした内容のレポートでも、字が下手であったために態度が悪いとされ、資料を引き写しただけのレポートより低い点になる……。子どもの側も学校のそんな態度に敏感に反応し、一〇〇メートルのタイムが学期中にどれだけのびたかを教師が「意欲」として評価しようとしているのを知って、はじめは力を抜いて走り、学期末に本気で走るようにしたという話も聞きました。

学校は日々新しい知識を得るところですが、新しい知識にすべて意欲や関心を示すことができるものでしょうか。どんなにいい教師が教えたとしても、クラスの子ども全員が意欲や関心を示すことなどありえないでしょう。まして、その度合いを評価しようというのは、ばかげています。

この評価がその学校だけにしか通用しないものならまだいいのですが、中学校ではそれが高校受験、つまり子どもの進路にも影響します。とくに一九九三年ごろから推薦入試が増えたり内申書重視に変わったため、子どもたちは教師の顔色をうかがいながら学校生活を送らざるをえなくなりました。

いまは多くの自治体で、内申書には教科の成績だけでなく、「特別活動等」(部活動や生徒会活動、学校外のボランティアなど)の評価も書きこまれています。学習時間以外、私生活さえもボランティア活動などに費やさねば、いい評価がもらえないのです。一日中、将来に影響するような〝上からの〟評価を気にして過ごす生活は、〝ゆとり〟からほど遠いものです。

意欲・関心・態度の重視は、個性重視とリンクしています。意欲・関心・態度をみることで、その子の個性を見出だし育てようというわけです。つめこみ教育・知識偏重の教育といわれた時代は、点数で測れるものを評価していました。それが偏差値重視や受験戦争を招いたという反省が、ゆとり教育の原点であり、そこから「新しい学力観」とこのような評価方法が生まれました。しかし、点数で測れないものを評価しようとするのが無理な話です。

そもそも個性があるかないか、その個性がすばらしいかどうか、そんなことは一教師が判断できるはずがありませんし、してほしくもありません（教師は信頼できないとばかりに管理を強める一方で、これほどの重責を押しつけようというのは、考えてみるととても不思議な話です）。

しかし個性だけでなく、文部科学省は子どもたち一人ひとりの心のありようにまで口を出そうとしています。それが「心のノート」です。

心のありようを押しつける「心のノート」

あなたの　こころの　中に／ないしょを／こっそり　しまっておく／ないしょの　はこは　ありますか。

その　はこには　どんな／ないしょが　はいって　いますか。

その　はこを／もって　いること、／あなたは　すきかな　きらいかな。

（「こころのノート　小学1・2年」）

二〇〇二年四月、「心のノート」が全国の小中学生に配付されました。Ｂ５判、オールカラーの冊子で、小学校一・二年生用、三・四年生用、五・六年生用、中学生用の四種類があります。この作成費用として、文部科学省は二〇〇一年度の道徳教育関連予算の約八四パーセントにあたる七億二九八〇万円を投じました。

「教科書でも副読本でもない」という位置づけで、教科書検定にも通っていませんし、執筆者の名前さえ明らかではありません。しかし、文部科学省は配付状況を調査し、効果的な活用をとたびたび訴えるなど、「心のノート」を重要視しています。

その内容は、ルールを守ること、家族やまわりの人を大切にすることなど、ごく一般的なことです。しかし、明るいイラストやイメージ写真、問いかけるかたちの文章で強調されるのは、政府の求めるあるべき家庭像、あるべき日本人像です。そこには片親であるなどの多様な家族関係、深刻なリストラや不況などの社会の現状はまるで無視された、空々しいファンタジーのような世界が広がっています。

特徴的なのは、読むだけでなく書きこんだり、主体的にこのノートにかかわるようになっていることです。たとえば、五・六年生用の「心のノート」には、見開きの右と左に「はい」と「いいえ」という大きなボタンが書かれているページがあります。『ありがとう』って言えますか？」という問いに対し、どちらかのボタンを選んで指で押さえるよう指示されています。「いいえ」を選んでもいいのですが、『いいえ』と答えた人は、あらためて自分のまわりを見まわしてみて、ときどきこのページを開いてボタンとにらめっこしてみよう」と書かれているのです。これで「いいえ」を選んでおしまいにすることが子どもにできるでしょうか。

感謝の気持ちをもったときに自然に「ありがとう」と言えるようになることは大切なことです。しかし、子どもの内面に入りこみ「自分で選択した」ように誘導していくのなら、それは一種の洗脳です。

最初に紹介した「ないしょのはこ」では、秘密をもつことへの罪悪感を植えつけようとしています。しかし、子どもの成長にとっては、秘密をもてるようになることも重要な発達段階です。「心のノート」は人間の心の複雑さ——一人の人間の中に善も悪も兼ね備えていること、そのなかで悩み葛藤し、傷つき、喜び、悲しみ、ときに前向きになりときに後ろ向きになる――を認めません。むしろ、人間の多様性を否定し、あるべき姿という規制をつくって心を一つの鋳型にはめこもうとしているのです。

もう一つの特徴は、「日本は神の国」と発言した森喜朗前首相の神道主義、ナショナリズムを反映したかのように、日本の伝統の重要性や愛国心の強調がなされており、戦前の修身の国定教科書のような趣きの面があることです。さらに、「人間の力を超えたものがある」と、科学的なものの見方や考え方と相反する畏敬の念を育てるかのような表現も見られます。そういうものの〝存在〟を私はかならずしも否定しませんが、政府にいわれることではありません。宗教心に通じるこうした領域は、どこまでも個人一人ひとりの問題です。

京都市教育委員会などの主催で開かれた「第七回京都市道徳教育研究大会」では、この「心のノート」を使ったこんな授業の実践報告が披露されました。

二つのコップに水を入れ、その下に「ありがとう」「ばかやろう」と書いた紙をそれぞれ置きます。それを一晩、寒空の下に置いておくと、コップに氷がはります。「ありがとう」と書いたほうには美しい結晶ができ、「ばかやろう」と書いたほうはまともな結晶ができなかった、同じようにバッハの音楽とヘビーメタルの音楽で比較しても同様の結果になった、といいます。これは、『水からの伝言「世界初の氷結晶写真集」』（江本勝、波動教育社）をもとにした実験ですが、この授業の指導の留意点・工夫のところには、「よい言葉にはよいエネルギー、悪い言葉には悪いエネルギーがあることに気づかせ、自分の生活を振り返るようにする」

と書かれていました。このような授業がまじめに行われていることに呆れるとともに、こんなバカげた話を聞かなければならない子どもたちに同情せざるをえません。

学校教育のなかで、一律に心を育てようと考えてはいけないのではないでしょうか。たとえば、「嘘をつかない」ということを家庭でなにげなく教わる、近所のおじさんに叱られて、あるいは教師に説教されて身につけていくのは、子どもの成長の一過程です。しかし、公教育で副読本を押しつけ、学校という権威のもとで子どもに身につけさせようとすることは、意識する・しないにかかわらず規制の強制になります。そして、規制の強制はかならず排除の思想を生みます。強制を受け入れない者、そこからはみだした者は仲間ではない、と認識されるからです。

いまは、「心のノート」は評価の対象ではありませんが、これが意欲・関心・態度のように評価されるようになったら、確実に国民統制の大きな武器と化すことでしょう。

子どもは社会を反映している

少年犯罪の多発、あるいは凶悪化によって、やはり子どもにしっかりしたしつけをしなければならない、公共心を育まなければいけない、だから奉仕活動を義務化しよう、「心のノート」で管理しようという意見が正当性をもって伝えられています。

しかし、子どもは鏡のように世の中、大人社会を映しているだけです。

たとえば、習熟度別学級編成や学校選択制、あるいは「個性の尊重」などによって、すでに子どもたちには「できる子とできない子を教師が分けている」こと、「自分ができない子と認定された」ことは伝わっています。もし、いま私が子どもであれば、「高望みしないでさっさとあきらめろ」という雰囲気を察して荒れるだろうと思います。

自分を取り巻く学校の環境や教育の現状だけではありません。たとえばテレビを通じて見る政治家の卑しさ、あさましさ、人としてのあまりのレベルの低さ。強い者、「持てる者」がその力で世の中を都合よく動かしていること。弱い者からいじめられ切り捨てられていくこと。なんでもかんでも損得や金勘定の論理で動こうとすること。そんなことも、日常的に子どもたちにすべて伝わっています。気持ちが荒れて当然の社会の状態があるのです。

教育を考えるとき、教育制度や体制、あるいは子どもの現状だけを見ていくと、管理強化の方向へ進みがちです。個々の子どもを取り巻く社会の風潮、政治や経済のあり方も含めてみていくことが大切だと思います。

4　露骨化する差別

躊躇なく弱者を切り捨てる

「そんな夜行動物ちゃうわな、人間は」

「バーやキャバレーじゃないんだから」

こんな発言が飛び出したのは、二〇〇三年八月に行われた大阪府教育委員会の会議の場だったそうです。

この会議では、大阪府の夜間定時制高校を現在の二十九校から十五校へと半減させることが決定されました。そのなかでの、定時制の生徒に対しての発言です。だから、定時制はいらないのだ、と言っているわけですが、教育委員たちがとてつもない暴言を吐いて府の教育方針を左右することには唖然とするばかりです。

「挫折した子への愛の手の固まりはいらないと思う」

とまで発言した教育委員もいたのです。いま定時制高校は、不登校になった子、高校を一度中退した子などの受け皿としての機能も果たしていますが、それらの子どもたちを「挫折した子」として切り捨てようというのです。

「すべて人間であるかぎり／差別やかたよった見方は許されない。／ゆがんだ考えをもつ人は／その人自身の心の中に／弱さがあるにちがいない。」

と「心のノート」に書く一方で、教育行政としてはゆがんだ考えのもとでの改革をどんどん進めています。

「一度やめたものを、またやるんですかあ？」

「お宅らの子どもには、一人あたり一千万円もかけてきたんですよ！」

こう言い放ったのは、東京都中野区の教育委員会の課長です。「健康学園」の廃園をめぐって保護者との話し合いの場でのことでした。

健康学園とは、肥満や喘息、アトピー、虚弱などの子どものための小学校です。気候のおだやかな過ごしやすい地域に建てられ、子どもたちは通常の学習のほか、それぞれの症状についての指導を受け、寮で規則正しく生活しながら健康の回復・増進をめざします。東京二十三区では、一九九五年までは二十の自治体がもっていました。

しかし、これらがつぎつぎと閉鎖されていっています。二〇〇三年度には、二十三区の健康学園の数は、六校となってしまいました。

中野区の館山健康学園の廃園が保護者にはがきで通知されたのは、一九九八年の秋でした。二〇〇〇年三月までで廃園にするといわれ、保護者たちは存続を求めましたが、聞き入れられず、十四人いた子どもたちは皆、親元に帰されました。あきらめきれない保護者たちが話し合いに訪れたその場での発言が右記のものです。

企業と同じ論理で生産性だけを追求すれば、非効率なものはどんどん切り捨てるしかなくなるでしょう。しかし、教育は、「人格の完成」「平和的な国家及び社会の形成者としての育成」をめざすものです。その理念なく、経済上の事情によって教育を変えてしまうことは、社会にとっての自殺行為ともいえます。

底流にあるのは社会ダーウィニズムの思想

それにしても、このような発言をよく恥ずかしげもなく口にできるものだ、と思いませんか。嫌悪を通り越して感心するほど露骨です。

かつては、官僚も政治家も、あるいは経営者も、支配する側というのは裏にある意図を押し隠し、建て前を堅持して理解を求め、改革なり新事業なりを進めようとしていました。だからこそジャーナリストや研究者はその背後のねらいを分析し、批判してきました。こんなきれいごとをいっているけれど、じつはこんなねらいがあるんだぞ、と。ところが、いまはなにもかもがあからさまです。

『空疎な小皇帝――石原慎太郎という問題』（岩波書店）をまとめていたときに実感したのは、石原氏の言動に全然分析の余地がないということです。めちゃくちゃ差別的なことを、いえ、差別そのものを、まったく臆せず言ってのけています。

「（重度心身障害者に対し）ああいう人ってのは人格あるのかね」「文明がもたらしたもっとも悪しき有害なものはババア」「東京では不法入国した多くの三国人、外国人が凶悪な犯罪をくり返している」など、石原氏のことばは誤解することのできないほど明瞭であり、しかも反発を受けても弁明するどころか開き直っています。

石原氏のような弱者に対する冷たいまなざし、差別感情がここ数年、新自由主義経済のもとで広い範囲にわたって浸透してきていることを感じます。

いまは石原氏の発言にみるように老人や障害者、外国人など社会的に非常に弱い層への攻撃が主ですが、いずれは社会全体へとどんどん拡大していくでしょう。それが、早期に子どもを選別する複線化の思想や、三タイプに分けた雇用形態を定着させる思想としてすでに出てきているのだといえます。

先に、新自由主義は人間を線引きするものだと述べました。私はもう一歩踏みこんで、新自由主義とはすなわち社会ダーウィニズム思想であり、差別主義を伴うものだといっていいと思っています。私たちが思っている以上に、その差別主義は徹底しています。

社会ダーウィニズム思想とは、チャールズ・ダーウィンの進化論の「自然淘汰・適者生存」を人間社会にあてはめて、社会にもこのような法則が成り立つとする思想です。適者生存なのだから、社会的にいま高い地位を得ている者は優れた者だと考えるもので、一八〇〇年代後半にハーバード・スペンサーが提唱しました。人間社会が進化していくためには、高い地位を得た優れた者を支援し、劣った者はそれに従うようにしなければならないとされ、人種差別や貧富の格差を正当化する理論として、支配者層の圧倒的支持を受けました。

二十世紀初頭のアメリカの鉄鋼王、アンドリュー・カーネギー氏は、つぎのようにこの思想を受けとめていました。

その法則はときには個人にたいしてきびしいかもしれぬ。しかしそれは民族にとって最善なのである。なぜならそれはあらゆる部門における適者生存を保障するからである、と彼はいう。「個人主義、私有財産、富の蓄積の法則、それに自由競争の法則（これらを彼は大文字で書いた）……は人類の経験の最高の成果であり、社会が今日まで最上の実をみのらせた土壌である。これらの法則は理想主義者には不完全に見えるかもしれないが、それにもかかわらず、最高の型の人間のように、人類が生みだした最上の、そして、もっとも価値のあるものである。

（榊原胖夫「産業主義のソーシャル・ダーウィニズム」『講座アメリカの文化3・機会と成功の夢』南雲堂）

二十世紀前半まで多くの侵略戦争や民族虐殺などが、この思想背景のもとで進められました。第二次世界大戦後、その反省から社会ダーウィニズムは国際的に葬り去られたはずだったのですが、新自由主義のもとでいま復活しつつあるのです。第一章で紹介したトリックリング・ダウン・エフェクトの考え方などは、社会ダーウィニズムの思想そのものといってもいいほどです。「勝ち組」でない者は、社会の自然淘汰に負けた劣等者であると認定される、だから「勝ち組」を優遇してなにがおかしい、そして「負け組」の劣等者は「勝ち組」に従順であるよう管理すべきだという発想になるのです。

優生学の復活で、遺伝子による選別も視野に

この社会ダーウィニズムを理論的に裏づけようとする優生学も、復活してきています。優生学とは、〝優秀〟な血統・民族を繁栄させ、〝劣等〟な血統・民族を排して人類全体を改善する方法を〝科学〟として確立しようとするものです。

優生学の思想がもっとも顕著に具体化されていたのが、ナチスドイツです。ユダヤ人や障害者などは滅ぼし、アーリア人種のみを繁栄させようとしたり、学業や身体能力に優れたとされる男女を収容所に集め、かけ合わせて「スーパー北方種族」を生み出そうとしました。

このような考え方は、二十世紀前半には、けっして稀なものではなく、たとえばアメリカのいくつかの州では精神障害者への去勢・不妊手術を認める「断種法」がありましたし、ロシアでも革命後も優生学の研究が続けられていました。日本でも戦時中は遺伝性疾患とされた患者に断種を強制する「国民優生法」が施行されていました。

人間の全遺伝情報（ヒトゲノム）の解読など、科学的な発展を受け、この優生学が新たな装いで再生を遂げようとしています。それがいまもっとも顕著に表されようとしているのが教

育の場です。

ノーベル物理学賞の受賞者でもある江崎玲於奈氏（教育改革国民会議座長）に取材したとき、彼はつぎのように語りました。

「人間の遺伝情報が解析され、持って生まれた能力がわかる時代になってきました。これからの教育では、そのことを認めるかどうかが大切になってくる。僕はアクセプト（許容）せざるを得ないと思う。自分でどうにもならないものは、そこに神の存在を考えるしかない。その上で、人間のできることをやっていく必要があるんです。ある種の能力の備わっていない者が、いくらやってもねえ。いずれは就学時に遺伝子検査を行い、それぞれの子どもの遺伝子情報に見合った教育をしていく形になっていきますよ」

人間には生まれつきの能力があり、それを環境で変えることはできないという考え方は、教育の理念を根本から覆すものです。

ヒトゲノムの解読は、とくに医療の分野で特定の遺伝子に効く薬の開発や、副作用を解消するなど、治療や予防に役立つことを大いに期待されています。しかし、能力や性格までがそれによって完全に把握でき、早期に人間を選別することができるものなのでしょうか。教育心理学と行動遺伝学を専門とし、遺伝と教育の関係を研究している安藤寿康氏（慶応大学助教授）は、私の取材につぎのように答えています。

「（遺伝子検査による優勢学的選抜教育の考え方は）理論的には可能だと思う。しかし、優生学の暗い歴史を背負っているのが遺伝学です。人間の能力に遺伝的なものがあることは間違いないのですが、遺伝子相互の複雑な作用があるので個人の資質の予測はとても難しいうえに、外部の環境次第でさまざまに変化し得る部分があるのも事実なんです。そんなことをすれば、やはり形を変えた社会ダーウィニズムに陥る危険性があると思いますね。少なくとも私は、生徒本人以外の第三者が選抜の権限を持つことを認めたくない」

人に能力の差、個性の差があることを認めないわけではありません。たとえば、高校生ぐらいになれば、偏差値の差や進路のちがいなど、自分の人生をある程度は見通すことができるようになるだろうと思います。でも、個人の納得のレベルと、社会がそちらに誘導していくことには、大きなちがいがあります。まして、生まれた瞬間に人生を国家に決められてしまうのはごめんです。

優生学の基礎にあるのも、やはり差別意識です。ナチスドイツがアーリア人こそ最も優秀な民族であると考えたように、自分は〝いい遺伝子〟をもっていると自負しているからこそ、自分以外の人を遺伝子で区分けしていくことに抵抗がないのでしょう。

いま学校で進められている習熟度別クラス編成を非常に高く評価する人がいます。最終的にはみんなが同じくらい勉強ができるようになる、という目標があって、そのプロセスの一つとして採用するのならばメリットがまったくないとはいいません。しかし、実際には小さいときからの選別、差別の意味で使われようとしています。本来、教育は能力を引き出し育てるものです。能力があるかないかを他人が判断し、それを変えることのできないものと考えて対応するのは、遺伝子によって育てられるかどうかを判断しようという優生学の思想と同じといえるでしょう。

5 国がめざす人間像・社会像とは

義務を強化し、国のために尽くす人間をつくる

「最近の若者たち、子どもたちには公共心がない、だから公共心を身につけさせよう」など、いま公共心ということばが、教育改革のなかで、あるいは教育基本法の見直しのなかでよく使われます。私にも共感できる部分はありますし、だれも文句のつけようのないことでしょう。それでも、私はいま素直に「みんな公共心をもて」とは言いづらい、と感じています。

『市民権とは何か』（デレック・ヒーター著、田中俊郎・関根政美訳、岩波書店）という本があります。これによると、市民権には大きく分けてつぎの二通りあるそうです。

①ギリシャ・ローマ時代から続く共和主義的市民権……………義務を重視した考え方
②資本主義の発達とともに広がってきた自由主義的市民権………権利を重視した考え方

いまは、②の自由主義的市民権が広まって、みんなが権利意識ばかり強くなってしまい、保守主義者のなかに①の共和主義的市民権を持ちだす人が増えてきた、と書かれています。よく新聞などで知識人や評論家がこのように発言しているのも目にします。しかしちょっと立ち止まって考えてみると、これにはおかしな論理が含まれています。

いま実際の社会は、構造改革に象徴されるように、新自由主義であり、資本主義を超えるハイパー資本主義に向かおうとしています。それならば、それに比例して②の自由主義的市民権がもっと膨らんでもいいはずです。ところが、権利意識を抑え、もっと義務を重視しろという流れになってきています。それはなぜなのでしょうか。

竹中平蔵氏はよく「フリーライダー」ということばを使います。「フリーライダーは権利など求めてはいけない」というふうに主張しているのですが、ここでのフリーライダーとは税金を納めていない人、脱税している人という意味ではなく、「税金をたくさん納めていない人」という意味です。つまり、彼は金持ち以外は権利を認めない、それ以外の者は義務だけを果たせと言っているのです。

一九九七年に佐伯啓思氏（京都大学教授）が出した『市民とは誰か』（ＰＨＰ新書）を読むと、この発想がよくわかります。

この本が書かれた当時は、ＮＰＯやＮＧＯが社会的に認知されはじめた時期で、市民団体・市民運動など、「市民」ということばがさかんに使われるようになっていました。佐伯氏は「市民」ということばをひどく嫌い、「市民」という語の成り立ちを説明します。ご存じの方も多いと思いますが、市民とは、もともとギリシャ・ローマ時代に生まれたことばで、当時の社会階層はブルジョワジー（＝市民）と奴隷とに分かれていました。その社会で奴隷から市民になる手段は、兵役につくことでした。命がけで公に尽くすことで市民と認められたのだ、一方、市民は土地を所有し、税金を払って公に貢献していたのだと佐伯氏はいいます。

これをもとに、市民というのは公に何らかのかたちで尽くすものであり、お金がある者は税金を払うことで、お金がない者は体で、つまり兵役につきなさい、と述べるのです。

安易にいま公共心ということばを使いたくないと私が思うのは、このような考えがじわじわと広まりつつあるからです。

愛国心ということばも同じです。愛国心が強調される背景には、グローバル化の進行があります。社会全体がどんどんアメリカ化し、国際的に見てもアメリカの手下のような位置づけをされる、その反動として日本らしさを求めているといえます。

それはかならずしも悪いことではないのですが、いまの時代にそれを強調される危険を大いに感じます。イラクで外交官が犠牲になり、海外派兵も実現したいま、このままでは日本は戦争への一歩を大きく踏み出していくでしょう。そのなかで愛国心を強調することは、戦場へ行くことを躊躇するなということにつながります。

学校への日の丸・君が代の強制は凄まじいものがあります（181ページからのルポ参照）。二〇〇三年十月、東京都教育委員会は、都立高校に対して日の丸・君が代についての通達を出しました。それによると、日の丸を掲げるかどうか、君が代を歌うかどうかではなく、服装がだらしないとか日の丸に正対していないということも懲戒処分の対象となります。また、ある自治体では日の丸・君が代の拒否をする教員の詳細なリストが作成されたりと、数年前とは比べものにならない圧力をかけています。

小中学生に配付した「心のノート」でも愛国心をとても強調していますし、教育基本法見直しのなかでも、愛国心の涵養ということが出てきています。このような動きは、徴兵制への布石でもあります。

ことさらに公共心や愛国心が強調される底にも、やはり差別と管理の意識が潜んでいると私は思っています。

「持てない者」「劣った者」とされた人間をあえてつくりだして差別し、それを管理しようという意図のもとで、その方策として提示されているのだといえます。そして、それはひと握りのエリート以外を「お国のため、いえ、彼らエリートのために尽くす」従順な国民に育てることでもあります。

バトル・ロワイアルの社会

じつは、このような新自由主義的な差別の意識は、無意識のうちに私たちのなかにも広がっています。

石原慎太郎氏がたとえば「三国人」という発言をしたとき、批判も多く出ましたが、その一方でこの発言を歓迎する雰囲気もありました。それは、一つには複雑な社会関係のなかで他の人が言いにくかったことをすぱっと言ってのけたという爽快さ、もう一つは自分より下へと他人を引きずり下ろそうとする差別の意識を免罪してくれたことが理由なのだと思います。北朝鮮の拉致問題が明らかになった後、朝鮮学校の制服を着た生徒がいやがらせを受けるという事件の多発は、情けないことですがそのような意識が広まっていることを表しています。

社会はもうどうにもならないといって、自分より立場の悪い人に向かっていっているのがいまの世の中です。子どもをもたない人はもっと税金を払うべきだという主張、高齢者が医療費を使いすぎているという非難、生活保護家庭や障害者への福祉に対しどうして他人の面倒を見なければならないのかといった批判……。前述の酒井隆史氏は、このような状況を小説『バトル・ロワイアル』（高見広春、太田出版）のようだと表現しました。

あれがまさにそういう小説で、日本が独裁国家になっているという設定なんですけれども、でも、消費の自由があるんですよ。みんなそれが「自由」だと思いこんでいる独裁国家。天皇と金正日が混ざったような独裁者がいて、ある中学校の一クラスを選んで孤島で闘わせる。それを日本中に報道してお前らは友だち同士だと思っているけど人間は絶対信用できないんだと、人間はそういう存在なんだとたたき込むわけです。つまり人間の不信を徹底して教え込んで、みずからをそういう状態に追い込んだ力に向かっていくことなく、競争させていく。それに対して友情で突破していく物語なんですね。すごく鋭く、ネオリベ（引用者注・ネオリベラル、つまり新自由主義）状況のなかでの権力の働きと、それを突破するやり方が提示されているんじゃないかと思ってるんです。（前掲書）

生まれ落ちた階層からなかなか脱却できない仕組みをつくられ、不満の鉾先をいまの状況をつくりだしてきた張本人たちには向けないようにさせられて、「持たぬ者」どうしの争いへと転化させられているわけです。つくづく腹が立ちます。新自由主義のもとで「持てる者」から平等に「持たぬ者」とくくられている閉ざされた世界の中で足を引っぱり合っていては、国や経済界の思う壺です。

たとえば、いまの公務員バッシングは、民間で働く人たちが、公務員の安定や自由さをみて民間と同じレベルにしろ、というところから出てきていると思いますが、本来は「私たちにも公務員並みの安定や自由を」と主張するほうが当たり前なのではないでしょうか。そうでなければ、私たちの安定と自由はより制限を受けることになってしまいます。

小説『バトル・ロワイアル』のように、この状況を突破するためには、友情――競争して一人が生き残るのでなく、ともに生き抜こうとすること――、つまり他人への信頼感・連帯感をもつことが必要ではないでしょうか。

第3章

機会均等を守る

1 階級化社会をめざす政財界

日本にもパブリック・スクールができる

トヨタ自動車、JR東海、中部電力の三社が学校法人をつくり、二〇〇六年度に海陽中等教育学校という全寮制の中高一貫校を愛知県蒲郡市に開校すると発表しました。男子のみの学校で、校長には元開成中学校校長が内定しているといいます。二〇〇三年度一月に行われた記者会見での三社の発言を紹介します（「読売新聞」二〇〇三年一月九日付などから抜粋）。

かねがね日本の重要な課題は教育と考えており、旧経団連会長のときは委員会をつくって検討し、教育の担当をしてきた。これまでの教育では、受験のための教育が主体となっていると思う。ものまねや記憶でなく、自分で考えて自分でつくるという独創性のある人物を育てていきたい。学校設立で、そういう日本にするための一助にしたい。
（豊田章一郎・トヨタ自動車名誉会長）

新しくつくる学校では、社会の様々なニーズに対応でき、豊かな教養などすべての基礎を備えた人物を育成したい。（人格形成への）教育の影響が大きいのは中学、高校時代だけに、特色ある学校をつくり、地元の教育機関とも補い合い、地域の教育レベルをあげるには、中高一貫校の全寮制が最も効果がある。
（葛西敬之・JR東海社長）

二十一世紀の日本の課題は教育だ。日本の若者は、中国や韓国の若者と比べ目の輝き方が劣っているのではないか。国家や社会に対して希望をもっているかというと疑問に思う。次世代の日本を築くためには、多様な能力や豊かな教養、日本人としての誇り、世界に活躍できる素質をもった人が必要で、そうした人材を育てたい。
（太田宏次・中部電力会長）

彼らは単に一会社の首脳というばかりではありません。豊田氏は元経団連会長ですし、葛西氏は元中部経済同友会代表幹事、太田氏は現中部経済連合会会長で、公人としての顔をもっています。そして、彼らの相談に乗り、ともに計画をつくってきたのは、元文部事務次官の佐藤禎一氏（日本学術振興会理事長）です。そういう意味では、単なる私的な動きではなく、公的な意味を帯びた計画だといってもいいでしょう。

この計画では「和製イートン校」をめざすといいます。イートン校は、イギリスの代表的なパブリック・スクールの一つです。パブリック・スクールには普通の家庭の子どもが入学することはできません。貴族階級かよほど裕福な家庭の子でなければ入れない仕組みになっており、イギリスの階級社会の構造を支えるシステムとして機能しています。

この三社の計画では学校法人をつくって学校を経営するのですが、教育特区のなかで株式会社の学校経営への直接参入が認められはじめました。すでに、学習塾、ＩＴベンチャー企業などが承認されているということです。このような動きを見ると、これから大都市圏を中心にパブリック・スクールのような学校がさらにつくられていくことが予想できます。

その一方に、ゆとり教育のなかで、三浦朱門氏がいうように「実直な精神さえ養ってくればいい」とされ、勉強をあまり教えない公立の学校があります。この差は歴然としてくるでしょう。そうして、子どもを早期選別し、エリートを育てたいというのが、財界や行政の本音なのです。

政財界のエリートへの憧憬、ヨーロッパ型の階級社会への憧憬は強烈です。

「グランゼコール」型（引用者注・フランスの教育システム）が戦後の日本にはなぜないのか。これは、教育も含めて、あらゆる社会システムに大衆民主主義・平等主義が徹底したことによるものであろう。そしてこうした平等主義に競争の原理が組み合わされると、「競争を通じてその実力を実証した人間」だけが真にエリートと認められることになった。
（日本経済調査協議会の報告書「二一世紀に向けて教育を考える」一九八五年）

日本のエリートは、「実力を実証した」だけであって、教養がない、そして親譲りの財産も人脈もない、だから国際競争に負けるのだといいます（第一章参照）。『機会不平等』などの取材や資料収集のなかで、私は「ノブレス・オブリージェ」（高い身分の者が担わなければならない重い責任という意味のフランス語）ということばを何度となく耳にし、目にしました。日本人にはノブレス・オブリージェがない、だからエリート教育をすることでそれを育てよう、ということです。それが語られるときには、「高い身分の者」がいること、つまり階級社会化されることが前提となります。元経済同友会教育委員会委員長の櫻井修氏（住友銀行特別顧問）は、つぎのように語っています。

「今は、五、六〇パーセントの人が大学に進む大衆教育社会ですが、それでみんなハッピーになれたのだろうか。大学を卒業した全員がリーダーシップやスペシャリティを身につけることができるはずもない。

あえて危険な言い方をしますが、戦前の企業や地域社会はきわめて合理的な側面を持っていました。貧しくても有能な子を、周囲が助けてあげる仕組みも成立していたのです。身分社会だったという問題はあるけれど、そこへのアレルギーが強くなりすぎ、平等だけを追い求めた戦後は、多様で多彩な生活文化の層までも単色化してしまったのです。そんな日本に比べたら、欧米ははるかに大人の社会なのですよ」

教育問題を語ることの困難

前述の、財界四団体が協賛で運営する「日本経済調査協議会」の報告書「二一世紀に向けて教育を考える」では、天才・能才・異才と、能力のない非才・凡才に人間を分けて教育することを考えていると、第一章で紹介しました。この報告書には、つぎのような表現もあります。

欧米型の個人指導と異なり集団的で画一的な授業を特徴とする日本の場合は、凡才の平均的な水準を高めることを目的としており、それはそれで十分成功を収めているが、その反面、いわゆる「落ちこぼれ」に対しては無策であり、同時に「できる子」をも犠牲にしている。公立学校の義務教育は能才の潜在能力を開発することにかけては現状では無力であると言ってよいであろう。

「落ちこぼれ」「できる子」という、二極の「規定外」の子どもがいるというとらえ方は現実的でしょう。しかし、この後、報告書の論点は「できる子」をどう育てるかということに終始し、「落ちこぼれ」への対策は語られません。財界の関心はもっぱらエリートにあるのです。

「財界の人間というのは、教育問題を語っていても、エリートにしか興味がないんだな。普通の子の話題だとみんな下向いて黙っているのに、エリート論になるとがぜん元気になって、意見が活発に出てくる。会に出席してくる人は自分自身がエリートだから」

経済同友会の教育委員会で長く副委員長を務めた原禮之助氏（セイコーインスツルメンツ顧問）は、このように語ってくれました。

「協力と公共」というテーマの学習会に招かれたことがあります。学者、研究者ばかりの会だったのですが、そのときに痛感したのは、どうしても話題がエリートの話になってしまうということです。エリート教育が話題の中心ではないのに、いつのまにかいかにノーベル賞をとるような研究者を育てるか、そのために小中学校での教育はどうあるべきか、という議論になってしまうのです。

問題意識の高い学者の集まりであってもそうなのですから、財界人や官僚たちエリートが集まった組織のなかでの教育論がエリートへの関心に走るのも無理はないのかもしれません。

しかし、それが教育政策として反映されることには大きな問題があります。

教育問題はひじょうに重要な問題ですが、その反面、教育はだれもが経験のあることで、語りやすいものでもあります。自分の経験から、だれもが一家言をもち、主張することができます。たとえば、作家の曽野綾子氏が「二次方程式を覚えていなくても、生きていくうえで私はなにも困らなかった」と発言しました。曽野氏にとってはそれが真実なのだと思います。しかし、教育論としてそれが正しいかどうかは別問題です。

財界人・官僚が、自分の受けてきた教育、そこでいやだと感じたこと、改善してほしいと思ったことなどを居酒屋で、あるいは井戸端で語り合うだけであればなんの問題もありません。しかし、そのような個人の経験を教育論として一般化しているのが現状ではないかと思います。さらにそこに財界の人事戦略、コストダウン戦術が加わり、公の場での発言や提言となって教育の方向性が決められていきます。結果、企業や経済界の意向を反映しただけの教育政策が出てくるのです。

エリート教育で育つ人間のおそろしさ

政財界について、ここまでかなり批判的なことを書いてきましたが、取材の仕事を続けてきたなかで出会った一人ひとりが冷酷で不人情なのかといえば、そんなことはありません。たとえば自分の家族のことを語るとき、友人のことを語るときには人間愛に満ちた面を見せてくれます。ところが、一方で高齢者や裕福でない人など弱者に対してはそのような視線が感じられない場合が多すぎるのです。そのギャップに、私たちは翻弄されています。「あんな立派なことを言う人なのだから、ほかのことに関しても人間愛に満ちた考えから行動してくれるのだろう」と思っていると、非情なまでのリストラを断行したりします。彼らはダブル・スタンダードなのです。人間をはっきりと自分のインナーサークルとそれ以外に分けています。だからこそ、人間愛や博愛を説く一方で、階級社会をめざし人間の差別化を当然のものと考えているのです。エリート教育への志向も、そのことを表しているのだと思います。自分は偉い、特別なんだという驕り、しかし平等という建て前のもとで、見下している人々と同等に扱われてきたことへの怒りと恨み。その感情がエリート教育を確立したいという強い願いになっているのではないでしょうか。

インナーサークルにしか目が向かないということは、恐ろしいことです。タカ派で有名な中山正暉氏（自民党・前衆議院議員）が、以前、取材のときにこのような話をしてくれました。

「僕は怖いんです。四十代の議員が『中山先生、北朝鮮がテポドン撃ってくるというんですから、こちらから先制攻撃をかけましょう』って言うんですよ」

中山氏は、その議員に「ちょっと待ってくれ、ミサイル撃ったら人が死ぬんだよ」と答えたと言います。若い議員は二世、三世が多く、生活の苦労もしてきていない、いわば「おぼっちゃま」ばかりです。彼らは生まれたときから恵まれ、上層階級としてのエリート意識を植えつけられてきています。だから、自分は戦場には行かず死なないのだと思っていますし、経済大国である日本が負けるとも思っていません。イラクへの自衛隊派遣を決定する際にも、派遣される隊員たちの命など、まるで視野になかっただろうと思います。タカ派と呼ばれた人が恐れるほど、そのエリート意識、選民思想は徹底しています。

エリート教育の制度化は、このような人々を幼いころからより徹底して育て上げることになります。

一九九八年、大蔵省の主計官が「ノーパンしゃぶしゃぶ」の接待を受けた事件が新聞紙上を賑わせました。彼らはエリートとしての特別待遇を受け、入省二年めぐらいで地方の税務署長として配属され、二十代半ばにして下にも置かない扱いを受けます。そのなかで培われた「自分は偉いんだ」というエリート意識が、監査の日時とノーパンしゃぶしゃぶでの接待を引き換えて恥じない感性をつくり上げたのだと、さんざん批判されました。

それでも、その官僚たちは、まだ小中学校時代にはほかの子どもと同じ義務教育のなかで育ってきており、基本的には大人になってからそのようなエリート意識を培ったわけです。しかし、今後、義務教育が複線化し、生まれたときから特権階級にいる人が小さいころから教育の場でもエリートとして扱われるとしたら、平等の概念をもたず、他人を見下すことを幼いころから覚えることになるわけで、自分は選ばれた人間だというエリート意識はより鼻持ちならないものになるのではないでしょうか。

もしも、「うちの子は優秀で成績もいいから、教育改革が進められても大丈夫」と思う人がいたら、わが子に本当にこのような人を人と思わないエリートになってほしいのかどうか、改めて考えてみてください。こういう〝エリート〟を、少なくとも私は人間だとは思いません。ただひたすら、恥ずかしい存在だと思います。

2 スタートラインを同じにすること

本当に「自由競争」で「自己責任」の問題なのか

いま進められている構造改革では、「自己責任」原則が強調され、自由競争の社会をつくるのだとしています。そして、競争なのだから「勝ち組」は努力して結果を出したのであり、「負け組」は努力がたりなかったのだ、という論理です。

しかし、競争だというならば、スタートラインは同じでなければなりません。

ところが、現実はまったくちがいます。親の死亡や親の生活苦のために、施設に預けられて育つ子もいます。高校に入学したけれども親がリストラされ、家庭の経済不安のために中退せざるをえない子もいます。一方で、親のコネで私立の名門校に入り、親のコネで神戸製鋼に入社し、親のコネで政治家になり、親の七光りで若くして自民党の幹事長にまでなった人もいます。彼には生活の不安もなかったでしょう。生まれによって、それほどの差がつけられていながら、自由な競争のうえで勝った・負けたのだといえるのでしょうか。これはいかさまレースです。一〇〇メートル競争で、スタートラインの九九メートル先に立っている人と、スタートラインの一〇〇メートル後ろからスタートしなければならない人がいたとき、そこでどんなにがんばろうとも、すでに勝敗は決しています。

もしも、自己責任原則をいうのであれば、最低限、本人にはなんの責任もない子ども時代には、できるかぎりスタートラインをそろえることです。それが、公の責任として全うすべきことなのではないでしょうか。

私の調査によると、親の学歴や職業は、子の成績や大学のランクなどと相関関係があります。自著にも書きましたが、この関係は90年代に入ってから強まってきた。たとえば、親の職業や学歴で見た社会階層が高いほど、勉強への意欲も高い。

つまり、学歴の裏には、家庭環境とか社会階層という「本人のせいじゃない」要素が隠されているわけです。学歴を取得する前の不平等があるのに、日本人はそれを見ようとしてこなかった。

（苅谷剛彦・東京大学教授の発言、拙著『日本人を騙す39の言葉』青春出版社）

そのうえ、「選択の自由」の名のもと、中高一貫校やパブリック・スクールができていくとすれば、不平等は世代から世代へと拡大再生産されて受け継がれていくことになります。苅谷氏の語る現状以上の不平等が、長い将来にわたって固定され、政財界の望んでいる階級社会になっていくことはまちがいないでしょう。

平等の概念さえも失われていく

社会での競争が避けられず、そこに結果として差が表れることと自体はしかたのないことだとしても、教育については機会の均等があるという前提条件が必要です。

戦後、日本人は平等を求めすぎた、いまの民主主義は悪平等だ、と行政も経済界も口を揃えて言います。だから、それを改善し、エリートを育てるようにしなければならない、と。でも、本当にそうなのでしょうか。

いま現在、結果の平等などどこにもないことは、だれの目にも明らかです。優遇され、だまっていても利益が入ってくる会社の社長と、リストラで働く場所を奪われ、家族も崩壊してしまったサラリーマン。さまざまな待遇を保障された大企業のキャリアと、どんなに横暴な命令でも従わなければならない派遣社員。倫理観も何もなく、のほほんと接待を受けていい気になっている上級国家公務員と、係員に冷たくあしらわれる生活保護家庭。「悪」とまでいわれるほどの平等は、少なくとも結果においてはまったく表れていないはずです。

不十分であっても戦後の日本社会がまがりなりにも守ろうとしてきたのは、「機会の平等」です。

とくに、教育は、同じスタートラインに立たせるようにするという意味で重要です。教育基本法は、人間はだれもが平等である、「人種、信条、性別、社会的身分、経済的地位又は門地によって、教育上差別されない」として、すべての人間に教育の機会を均等に与えるとしてきました。

その機会の均等が守られなくなるとしたら、平等の概念はこの国の社会のどこに残るのでしょうか。

取材のなかで行政側や政財界のエリートたちの社会ダーウィニズムや優生学の思想、そしてエリート教育への志向と階級化社会への憧憬を知れば知るほど、じつは彼らは平等という概念を日本社会から葬ってしまいたいがために、この教育改革を進めているのではないか、という疑いが頭を離れなくなりました。

私見ですが、私は平等の概念が建て前としてであっても生きている間は、簡単には戦争は起こらないと思っています。相手国の人たち、そして自分の国の戦場へ行く人たちに対するよほどの差別感情がなければ、戦争をやろうという号令をかけることなどできないでしょう。いま、日本は本当に平等の概念を失いつつあるのです。

3 学校で身につけるべき学力とは

戦後、文部科学省は学力をどうとらえてきたか

では、機会均等のもとで個人が身につけるべき学力とはどのようなものでしょうか。まず、戦後の教育のなかで文部科学省・行政が学力をどうとらえてきたのかを、学習指導要領の変遷から見てみましょう。

〈一九五八年改訂〉……基礎学力重視・系統学習への転換

学習指導要領が初めて出されたのは一九四七年、六・三・三・四制がスタートした年です。教育基本法、学校教育法もこの年に公布されました。学習指導要領は一九五一年に一度改訂されますが、ここまでは〝試案〟とされ、「その地域の社会の特性や、学校の施設の実情や、さらに児童の特性に応じて、それぞれの現場でそれらの事情にぴったりした内容を考え、その

方法を工夫してこそ」学習は成り立つのだといい、現場の裁量がかなり認められていました。

それが、一九五八年の改訂で学習指導要領は法的拘束性をもった〝基準教育課程〟であり、絶対的に準拠しなければならないものと位置づけが変わりました。ちなみに、この学習指導要領によって、道徳がはじまりました。

ここでの特徴は、これまでの生活単元学習（子どもたちの生活経験を基に学習を進める方法）を廃し、科学技術の成果や基本を系統立てて教える系統主義を基本に据えたことです。基礎学力、読み・書き・計算の重視でもあります。

〈一九六八年改訂〉……必要とされる知識が増大・落ちこぼれが増加

一九五〇年代より、アメリカでは「教育内容の現代化」がはじまります。これは、ソ連との科学技術面の競争に遅れをとったという現状認識から、学問の最先端の知識や方法論を学ばせようとしたものです。日本もこの影響を受け、たとえばこれまで入っていなかった「確率」を学習内容に入れるなど、全体的にかなり高度なレベルの内容を盛りこみ、「現代化カリキュラム」と呼ばれる教育課程を組みました。必要とされる知識量が増大し、「落ちこぼれ」「新幹線授業」などのことばもこの当時生まれました。

〈一九七七年改訂〉……ゆとり教育への転換・調和のとれたゆたかな人間をめざす

知識偏重教育との批判から、教科の内容を削減し、標準時間数も減らしました。一方、「ゆとりの時間」を設け、「ゆとりある充実した学校生活の実現」をめざすとします。「道徳教育や体育を一層重視し、知・徳・体の調和のとれた人間性豊かな児童生徒の育成を図ること」と述べ、「人間中心主義」と呼ばれる方向へと方針転換します。今日の〝ゆとり教育〟はここに端を発します。

〈一九八九年改訂〉……「新しい学力観」・意欲などを評価

一九八〇年ごろより、校内暴力、いじめ、不登校など、学校教育にさまざまな問題現象が起こりはじめます。それらの解決と、臨教審の路線、経済界の要求などから、「新しい学力観」をキーワードに改訂されたのがこの学習指導要領です。

「新しい学力観」のもとで、教師は指導してはいけない、支援しなさい、とされました。「自ら学ぶ意欲を育てる」ため、教師が教えるのではなく子ども自身が学ぶことを学習の重点に置き、意欲・関心・態度による評価が重視されるようになりました。また、生活科もここで創設されました。

ここでは、「これからの社会の変化に主体的に対応できるよう、思考力、判断力、表現力などの能力の育成を重視」とされているように、基礎学力だけでなく、個人の内面にかかわる部分までを含め、学習すべき内容として位置づけられているといえます。

〈一九九八年改訂〉……「生きる力」を重視・学習内容三割減

「生きる力」をキャッチコピーとした改訂でした。学習内容が三割削減され、また学校五日制の完全実施、「総合的な学習の時間」の創設により授業時間が大幅に減りました。算数・理科など理系の科目では、体験を重視したために系統性がかなり崩され、たとえばものの重さ・かさを教えず水溶液を扱うなど、矛盾な点もかなり指摘されました。

〈二〇〇三年改訂〉……最低基準と位置づけ・学校・クラスごとの格差を認める

学力低下への批判を受け、一部を改訂しました（第一章参照）。学習指導要領が「最低基準」であることを初めて明確にしました。

学力論争が巻き起こったとき、「学力とは何か」という議論になりました。この「学力とは何か」というテーマは、戦後の教育のなかでしばしば問題にされてきました。しかし、学習指導要領の流れを見てもわかるとおり、文部科学省自身も時代によって学力のとらえ方がかなり揺らいでいます。いまだに、だれも明確な結論を出せずにいる、といってもいいでしょう。

ゆとり教育がめざす学力

いま現在の文部科学省の学力のとらえ方は明確です。生きる力、創造力や問題解決能力などを知識より重視しています。私が取材した二〇〇〇年に、文部省の初等教育局の審議官であった銭谷眞美氏は、

「学力って何です？　知識のことですか？　このインターネットの時代に、そんなものを詰め込むことが大切だなんて、みんな本気で思っているんですかね？」

と述べました。

ゆとり教育を推進するとして学習内容の三割減を実現したのは、このような知識の軽視も背景にあります。計算が筆算でできなくても電卓があるから大丈夫、というように、知識が頭になくとも、インターネットで調べさえすればどんな情報でもすぐに手に入る、といいたいのでしょう。

でも、本当にそうでしょうか。私は、インターネット社会だからこそ、知識が必要とされていると思います。

二〇〇一年に出た『知識資本主義』（アラン・バートン＝ジョーンズ著、野中郁次郎監訳、日本経済

新聞社）には、IT時代における富と権力の源泉は、まさに知識にほかならない、と書かれています。多様で膨大な情報に触れる時代だからこそ、そのなかで必要な情報を取捨選択し、判断していくための知識が必要なのです。文部科学省がいうような創造力や思考力、判断力なども、知識なしに育てることはできないものです。

そもそも、今回の教育改革は構造改革のなかに位置づけられますが、そのモデルはアメリカの構造改革であり教育改革です。一九七〇年代、日本よりも早く教育に市場原理が持ちこまれ、ゆとり教育が推進されたアメリカは、深刻な学力の低下に悩まされました。その結果、アメリカ教育庁は一九八四年に「危機に立つ国家」という報告書を出し、基礎に帰って初等中等教育の水準を高めなければならない、と訴えました。「危機に立つ国家」には、つぎのように書かれています。

新しい時代に対応した技能や、読み書き能力、教育の水準を持っていないものは、実質上、公民権を奪われるに等しいことを知るべきだ。能力に応じて支払われる物質的な報酬が与えられないだけでなく、わが国の国民としての生活に完全に参加する機会さえも奪われるという意味において無権利状態になるということである。

（若山伸行訳、『教育の論点』文藝春秋より）

報告書は、学力の低下がアメリカの経済を停滞させ、社会を荒廃させたとします。このアメリカの教育改革——ゆとり教育、学校選択制、通学区域の自由化など——とまったく同じ改革をいま日本は進めているのです。ゆとり教育の名づけ親といわれる奥田真丈・元文部省初等中等教育局長は、私の取材に対して一九九九年にアメリカの「経済と教育研究所」所長と話したときに、「アメリカが失敗したことを、なぜいまさら日本はやるのか」とあきれられた、と話してくれました。

ゆとり教育を推進した有馬朗人元文部大臣さえ、「元文相の実践的改善論——理科と数学の時間は減らし過ぎだ」（「論座」二〇〇一年九月号、朝日新聞社）との論を新学習指導要領の実施前に発表したほど、知識の量が減らされました。アメリカのような経済の停滞、社会の荒廃をまねくことは目に見えています。

だからもっと知識をつめこめ、などと言いたいのではありません。ただ、ネット社会だから普通の子どもには知識はいらないのだという短絡的な発想、誘導のしかたに、私はどうにもがまんならないのです。

義務教育は画一的でいい

中教審第二次答申（一九九七年）の「激しい変化が予想される社会において、主体的、創造的に生きていくためには（中略）学び方や問題解決などの能力の育成を重視する」という考えを受けて創設されたのが「総合的な学習の時間」です。「学習活動が各教科等にまたがるもの」で「各学校において創意工夫を生かした学習活動」にするよう指示され（中教審第二次答申）、一九九八年の学習指導要領には「国際理解」「情報」「環境」「福祉・健康」の四つがテーマとして例示されています。ねらいは、

①自ら課題を見付け、自ら学び、自ら考え、主体的に判断し、よりよく問題を解決する資質や能力を育てること

②学び方やものの考え方を身に付け、問題の解決や探究活動に主体的、想像的に取り組む態度を育て、自己の生き方を考えるようにすることができるようにすること

となっています。

学習法として、「総合的な学習の時間」のような方法は悪くないと思います。一方的に教えられるだけでなく、興味をもったことを追求して調べたり、体験をするなかで学んだりと

いう学習方法は理想的であるともいえます。しかし、いまの学校の現状で取り組むのは、かなり無理があるのではないでしょうか。

一人の教師が四十人近くの子どもを相手にしなければなりません。そのなかで、個々のテーマをもった子にていねいに対応することはできないでしょう。また、学習を総合的に構成しようとすれば、教師がそのテーマを研究する時間、準備する時間が必要ですし、大掛かりに取り組もうとすればお金もかかります。そのような人的・予算的な保障が伴わないなか、個々の教師に責任がすべて負わされているのでは、「算数やってたほうがよかった」という程度の総合学習しかできないでしょう。

理想を高くもつことは大切なことですが、人もいず、お金もない状況で取り組むと、かえってひどい結果を生むことにもなります。子どもを相手にする教育では、ほかの仕事よりも人的・予算的影響が及びやすいのです。

「総合的な学習の時間」は、教育委員会がかなり熱心に力を入れています。メニューをつくって、各学校にそのなかからテーマを選ばせるようなこともされているそうです。そのために、それが教育委員会への忠誠度をチェックするような機能を果たしている面があります。そのような状況を覆すためにも、本当の意味で学校や教師に裁量があること、人員や予算の保障があることが、学校で「総合的な学習の時間」に取り組む場合の大前提とされなければならないだろうと思います。

これは、個々の能力に応じた学習をするという習熟度別の学習にしても同じことがいえます。方法そのものについてはメリット、デメリットがあるでしょう。しかし、どちらにしろいまの学校の条件のなかで、教師が一人ひとりを見、グレーゾーンにいる子まで含めて判断できるものでしょうか。

子どもの発達は一人ひとりちがいます。幼児を見るととてもわかりやすいのですが、それまでできなかったこと、たとえば、はさみを使うとか、ボールをけるということが、ある日突然のようにできるようになります。同じように、ある時点で「算数ができない」としても、学習を続けていくと数か月後に急速にのびたりするものです。それらの発達のちがいまで見きわめて子どものレベルを測り、クラス分けをするのはかなり難しいことだと思います。それが、一日限りのクラス分けではなく、一定の期間続くわけですから、「できないクラスに入れたためにできないままでいる」ことにもなりかねません。また、子どもたちのなかにクラスによる優越感や劣等感を植えつけることにもなるでしょう。

くり返しになりますが、大切なことは、どの子にも一定の学力をつけることを保障することです。

そういう意味で、義務教育までは画一的であっていい、とあえて言いたいと思います。それが、公教育が最低限、守るべきことです。予算や人員の保障がないまま、「総合的な学習」に取り組み、「資質や能力」を育て、「自己の生き方を考える」ことを考えたり、習熟度別によって一人ひとりの「能力に応じた教育」をすることよりも、地道に一定の知識・技能を教えることを主眼とすべきではないでしょうか。本当に〝個性〟のある子どもは、後で、勝手に伸びるのです。

「すべての子に学力をつける」努力が大切

学力というのは本来、読み・書き・計算のスキルだけでなく、生きる力や思考力、創造力、問題解決能力や自己表現力などを含めた幅広いものだと私も思っています。学力には、努力する力、コミュニケーション力、サバイバルの力など、人間が生きていくうえで必要とする力はなんでも含めていくことができるでしょう。

けれど、公教育のなかでの「学力」は、おのずと限られてきます。時間的にも予算的にも限られているなかで、無制限にそれを学校で教えることはできないからです。結局、客観的な規準で教えることのできる知識や技能というところに重点を置くしかないのです。

仮に、時間も予算も十分にあって、生きる力や創造力などすべてのことを教えられるとしても、それは望ましいことではないと思っています。生きる力や思考力など、人間の内面にかかわることは主観の入る余地が大きいものです。一人の教師がそれを教え学ばせ、評価すると、どの教師に当たったかということで、人生が決まってしまうような不公平さがどうしても表れてきます。

学力として、生きる力などのさまざまな要素が入れられることになったのは、知識や技能の点数だけで人間は測れない、という批判があったことが大きいと思います。しかし、点数のみでの評価自体に問題があるのではなく、点数の評価を重視しすぎたところに問題があったのではないでしょうか。

知識や技能など点数で測れるもの以外のものも学校で学ぶことと位置づけられ、評価されることになると、子どもは逃げ場がなくなります。国語が苦手という子は、「国語だけが人生じゃない」と言えますが、生きる力がないと評価された子はどうでしょう。学校という権威づけられたものによって内面が評価されるのなら、自分を否定することになるのではないでしょうか。

よく、「世の中には勉強のできる子もいる、しかしイチローのように野球がすごくできる子もいるし、ビル・ゲイツのようにコンピュータが得意な子もいる。だから個性をのばすのだ」という言い方をします。たとえば、寺脇研氏は、つぎのように述べます。

勉強のできる子だけがすばらしいのではありません。学校の試験であまり点数がとれなくても他の面ですばらしいところがあり、その力を地球のために、それぞれが発揮していくという時代になっていきます。

（『21世紀へ教育は変わる——競争の時代はもうおしまい』近代文芸社）

勉強のできる子だけがすばらしいのではない、というのはそのとおりです。しかし、イチローやビル・ゲイツほどの才能である場合は、ごくごく稀です。その子がいちばん得意なことが野球であったとしても、だから野球の能力をのばせば、ほかのことはいらない、ということにはならないはずです。義務教育では、やはり嫌でも多少はがまんして各教科をすべて勉強し、イチローやビル・ゲイツのような特殊な職業が無理なら、普通の職業に就いて生活していける力の基礎を身につける必要があります。その基礎があってこそ、社会の動きを分析し、自分の考えをもってそれに対していく力を養うことができます。嫌々でも一定のさまざまな分野の知識や技能を身につけさせるために学習する場所、それが学校なのだと思います。

「新しい学力観」のもとで「個性の重視」が強調されてから、「ありのままの子どもを受けとめる」「できないのも個性」というういい方がなされ、「九九が覚えられなければ覚えなくていいよ。大きくなってからでも覚える意欲が出たときに覚えればいいから」「理科が苦手でも、生きる力があるから気にしなくてもいい」と教師が親や子に話すことが多くなりました。しかし、「できない子をありのまま」受けとめることと、その子ができるようになるような努力を放棄することはちがいます。公教育のなかで大切なことは、可能なかぎり同じスタートラインに立たせることです。言い換えれば、必要とされる知識や技能をどの子にもしっかりつけること、つける努力を社会全体がすることなのだと思います。

学歴社会への批判があまり強かったため、学力やその結果としての学歴に対して過剰な偏見が生じています。「学歴が高い子よりも、じつは非行少年のほうがいいやつ」「勉強のできる子より、勉強ができないけれど友だち思いの優しい子」といった構図が日本人には好まれるということもあるようです。しかし、現実には当然ですが「学歴が高く人格もすぐれた人」

「勉強ができて優しい子」もいます。もちろん逆もいます。前述の苅谷剛彦氏は、前掲書のなかで、つぎのように述べています。

日本では「受験勉強は無意味な暗記学習」「学歴はその結果であって実力とは関係ない」ということにされていますが、これはそのほうが人々の不満を吸収できるからです。学歴は無意味じゃないです。たとえば転職市場を調査すると、学歴の高い人は転職した後にちゃんとまたいい仕事に就いたりしている。学歴の効き目はそこまである、というより、学歴がその人の能力の指標の一つだったと考えたほうがいい。

学歴に対するこのような偏見は、いわゆる悪平等論とも重なります。「大学に行くことだけがすべてじゃない」と、教育について財界人に取材をしたときにしばしば言われました。それはたしかに一面の真実です。しかし、結果としてそうなるとしても、それを国から、あるいは教師から決めつけられるような仕組みをつくることはおかしいのです。

「学力なんてなくても生きる力があれば」「学歴なんかなくても性格がよければ」という言辞を、学力をつけなくてもいいという理由として、または学力をつける努力を放棄する理由として受け入れてはならないだろうと思います。

学校だけですべての力を育てることはできない

教師たちはもちろん、文部科学省の官僚も個々をみたときには、「子どもたち一人ひとりのいいところをのばしてやりたい」「健やかな成長を促したい」という思いを抱いていると思います。

テストの点数だけでなく、意欲も評価してやりたい、という気持ちも、そもそもは善意からはじまったのでしょう。しかし、学校という権威づけられたもののうえで、人格にかかわることまで評価したり、口を出したりするシステムでは、どうしても「心のノート」のような、あるいは戦前の修身の教科書のようなところに行き着かざるをえません。

意欲や関心や、あるいは生きる力や創造力、個性などを育てるシステム、評価するシステムをつくってはならないのです。

それらについて教師ができることがあるとすれば、子どもに一人の人間として対話し、そのなかで「君はこういうところがすばらしい」、あるいは「ここは直さなくてはだめだ」と言うことだろうと思います。これは、大人すべてができることでもあり、学校だけで育てなければと気負う必要はないのです。親や地域の人など、さまざまな大人と接していくなかで子どもは成長し、自分の個性や生き方を見つけていくのですから。

教育基本法という原点に帰る

学習指導要領が変わるたびに、学習内容も学習方法も変えられていくように、教育行政はつねに揺れ動いています。

「個性尊重」「生きる力」「選択の自由」などのキャッチフレーズに惑わされることなく、教育の理念を軸にしてそのときどきの教育行政に対していかなければ、親も教師も踊らされるばかりです。

「新しい学力観」が教育現場に広く受け入れられた一つの要因に、「教えから学びへ」という学習方法の転換がありました。それまでの画一的な教育を見直し、子どもが自ら学びとるような教育へ、というのは、教師にとってとても魅力的な提案でした。しかし、そのなかで結局、知識が軽視され、学習内容が減らされ、学力低下へと向かったという面があります。

「子どもと一緒に考えよう」「子どもとともに学んでいこう」。こういうと、子どもの目線に立った、望ましい教師像のように見える。また、こうした学習は、教師による一方的な教え込みの教育に比べ、子どもたちが自ら学ぶ、理想の学習のように見える。しかし、宮澤氏（引用者注・宮澤康人氏、西洋教育史家）は、それに対し、あえて「近代社会に生きる大人たちの知恵のゆきづまり」ゆえの「近代の大人たちが直面した絶望の産物」であるとの判断を下すのである。こうした宮澤氏の見解が目を向けているのは、「人類が蓄積した知識や方法論」を軽視しがちになり、子どもと教師との関係の中で、知識という第三項を後景へと追いやってしまう子ども中心主義の限界である。

（苅谷剛彦著『教育改革の幻想』ちくま新書）

二〇〇三年三月、教育基本法を改正し、「社会の形成に主体的に参画する『公共』の精神、道徳心、自律心の涵養」「日本の伝統・文化の尊重、郷土や国を愛する心と国際社会の一員としての意識の涵養」などを盛りこむべきとする中教審答申が出されました。

われらは、さきに、日本国憲法を確定し、民主的で文化的な国家を建設して、世界の平和と人類の福祉に貢献しようとする決意を示した。この理想の実現は、根本において教育の力にまつべきものである。

われらは、個人の尊厳を重んじ、真理と平和を希求する人間の育成を期するとともに、普遍的にしてしかも個性ゆたかな文化の創造をめざす教育を普及徹底しなければならない。

ここに、日本国憲法の精神に則り、教育の目的を明示して、新しい日本の教育の基本を確立するため、この法律を制定する。

（教育基本法前文）


戦後、国家統制による画一的な価値観を培う教育を反省し、複線化を見直して六・三・三・四制とし、だれにも均等に教育の機会を保障するとした教育基本法は、日本を新生させたい、民主主義社会をつくりたいという思いを反映しています。この教育基本法の改正は、憲法改正への布石とされており、政府も財界もかなり熱を入れています。教育基本法が改正されれば、戦後まがりなりにも育ててきた民主主義の精神が崩されることになるでしょう。

複雑な力関係の作用によって、しかも急速に変化していく現代社会のなかで、私たちはどうしても原点を忘れ、そのときどきの状況に翻弄されがちです。つねに原点に戻って自分のスタンスを確認して、再度ものごとを見つめなおすことです。

教育の原点は、この教育基本法にあるだろうと思います。新しい方針、新しい政策が出されても、つねに原点――だれにでも平等に教育の機会を与え、どの子にも一定の学力をつけ、真理と平和を希求する人間の育成をめざす――に立ち返って思考し、判断していくことが大切ではないかと思います。

第4章

子どもの未来のために

1 公教育に企業の論理が入ってくる

民間人校長が企業のやり方で学校を動かす

民間の論理、市場原理がつぎつぎと公教育に注入されてきています。

学校教育法施行規則が二〇〇〇年に改正され、教員免許も教職経験ももたない校長が認められることになりました。二〇〇二年度には、二十四人の民間人校長が誕生しました。

校長になったのは、中堅以上の企業の管理職だった人たちばかりです。東京電力、松下電器産業、ソニー、ブラジル三井物産、サッポロビール、日立茨城テクニカルサービス、浜銀ファイナンス、そごうなど。教育委員会が商工会議所などの地元の経済団体に推薦を依頼し、その候補者だけを対象に選考したためです。

自動車メーカーのマツダ出身で広島県立福山誠之館高校の校長となった山代猛博氏は、私

が取材をしたときに、

「早期退職者の募集があって、残ったらどうかという意思表示も会社側からいただいたのですが、経営コンサルタントでもやろうかと考えて応募しました。そうしたら人事に呼ばれて、県から校長になってくれる人を求められているのでどうか、という話です。教育はやりたいことの計画に入っていませんでしたが、管理職の仕事の七割は人材の育成でもあったわけです。これも天の声かと受け止めることにしました」

と語りました。広島県教育委員会は、二〇〇一年度から民間人校長を採用しましたが、採用した三人全員がマツダの管理職でした。マツダは二千人規模の大リストラを断行しましたが、民間人校長の募集には行政によるその受け皿の意味があるのではないかと噂されました。

日産自動車から東京都立つばさ総合高校の校長に転身した山上隆男氏も、

「そろそろ定年を意識する年齢になっていました。都が民間人校長を採るとは新聞にも出ていたそうですが、私はまったく知らずにいたところ、人事部長に打診されたんです。

どうして私に白羽の矢が立ったのかはわかりません。ただ、全国でも初めての試みでしたから、失敗すれば国も日産も困るでしょうし、プレッシャーも感じています。逆に成功すれば企業としても悪くない。系列の関係が薄くなってきた昨今、組織のピラミッドを維持していくためには、人をどこにどう出していくかが重要になりますからね」

と話します。

企業に選ばれた人が、元の職場のことを思いつつ校長という職を務める、そういうシステムだといってもいいでしょう。

学校は「特色」によって売る「商品」なのか

山代氏は、「われわれは競争しているという認識」「われわれは選択されているという認識」が教職員には必要で、つねに「われわれにとってお客とは」「オーナーとは」という意識が必要になるといいます。

「企業も学校も組織です。組織というのはどれだけ素晴らしいものを生み出すことができるかで決まる。マツダは車を、誠之館は授業や生徒指導というサービスをね。お客とは生徒であり、オーナーとは広島県、県民ですよ。国旗・国歌にも抵抗などありません。なにしろオーナーの意志なのですから」

東京都の教育委員である鳥海巌氏（丸紅相談役、経済同友会副代表幹事）は、会議のなかでしきりに「企業では」という言葉を使います。私が都教委の会議を傍聴したときも、こんなセリフを連発していました。

「企業でもそうですけどね、組織が成功するかしないかは人事で決まるんです」

「企業でもそうですが、大切なのはモニタリングなんですよ」

学校にもっと企業のような論理を、という意見は、一般的にも根強いようです。しかし、本当に企業がやっていることを取り入れれば、学校はよい方向に変わるのでしょうか。

現在の消費者の多くは義務教育レベルを超えた学歴を持ち、社会的な経験も豊かである。そのような消費者が、子どもの義務教育について最善であると考えるものが、それぞれの価値観、環境、あるいは経験によって、多様となることは避けられない。しかしながら、全国画一の義務教育に、消費者の選択を容れる余地はまったくない。公立学校には、供給者として消費者のニーズを尊重しなければならないという市場論理も欠如している。しかも、全国画一なので、アメリカのように最も優れた学校を持つ町を「足による投票」で選んで、最適なサービスを選択することもできない。（中略）現在の公立学校制度を、できるだけ多様な消費者のニーズに対応できるシステムに変えることが必要である。

（教育経済研究会「エコノミストによる教育改革への提言」）

経済企画庁の設置した研究会が一九九八年に出したものですが、ここでは子どもの親を「消費者」としています。つまり、学校を「商品」と同等のものとみなしているわけです。

いま中高一貫校だけでなく、「学力フロンティアスクール」をつくったり、IT教育や英語教育を売りにする学校など、公立の小中学校は「特色ある学校づくり」をめざすよう教育委員会から指導されています。これは一九九八年の学習指導要領で、「総合的な学習の時間」の創設と併せ「特色ある学校づくり」が強調されたからです。教育特区を利用することでこのような「特色」づくりはさらに進行し、公立学校の間の格差は広がっていくでしょう。

学校が「特色」づくりを進める底流には、「消費者」に選ばれるような学校にしなさい、選ばれなければ、その学校はつぶれてもしかたがない、という企業の論理、市場原理があります。

けれど、公立の学校がそこに足を踏み入れることは、これまで見てきたように、学校に「勝ち組」「負け組」をつくり、それぞれに通う子どものなかにも「勝ち組」「負け組」の意識を植えつけることになります。

学校という「商品」は、子どもを評価する性格を持ち、同時に実質的な差はないにもか

かわらず序列をつける。つまり自由選択制と言いながら、勝ち組と負け組を作り出してしまうのです。（中略）
一方、選択される側の学校から見れば、ひとりでも多くの生徒を集めなければいけない。そのため「特色ある学校づくり」と言いながら、たとえば、東京都の品川区や荒川区のような学力テストの結果公表という行為は、雪だるま式に序列化を進めてしまいます。
（藤田英典・国際基督教大学教授「サンデー毎日」二〇〇四年二月十五日号）

序列化が進めば、「受験」競争も過熱化します。「十五の春を泣かせない」ということばがかつて流行りましたが、六歳の春、十二歳の春に泣くことになっていくのです。といって、その競争に参加しなければ、もはや人格までも〝格付け〟されてしまいかねない社会にされてしまいつつあります。
そんなものが、ほんとうに「消費者」、親の願いなのでしょうか。

親の教育への危機意識と願い

少子化の影響で、私立の学校は生き残りがかかっています。二〇〇二年度からは、「ゆとり」以前の教育水準を維持することをセールス・ポイントにした私学も増えました。

ベネッセコーポレーションが行った「第2回子育て生活基本調査報告書」(二〇〇二年度実施)によると、中学受験を考えている小学校五、六年生の親は、首都圏(東京都、埼玉県、千葉県、神奈川県)で一九・五パーセント。かなり地域差があるのですが、首都圏では五人に一人ほどが受験しようとしていることがわかります。

公立の中高一貫校の人気ぶり、そして今後パブリック・スクールのような学校が設立されていけば、中学受験はさらに増えていくと思います。

しかし、受験させようとする親たちは私立の学校に行かせて子どもをエリートにさせたい、と思っている人ばかりではないでしょう。もちろんそういう人もいるでしょうが、基本にあるのは「まともな教育を受けさせたい」という願い、危機意識ではないかと思います。

陰山英男氏(現・広島私立土堂小学校校長)が書いた『本当の学力をつける本』(文藝春秋)が三十万部を超えるベストセラーになりました。教育をテーマにした本としては、異例の売れ行きといえます。十年にわたり徹底して読み・書き・計算の基礎を身につけさせ、生徒のほぼ全員が全国平均を上回る成績をあげ、山間部の学校にもかかわらず大学進学者を続出しているという内容は、教師よりも親たちを引きつけるものだったと思います。指導や授業の取り組み自体は、創意工夫はされていても、けっして目新しいものではありません。ただ、学力をつけることに教師たちが真剣に臨み、地道に指導をしていった結果です。教師の間からは、画一的なつめこみ教育ではないか、という批判も出ましたが、このような学校にわが子を入れたい、と思った親は少なくなかったはずです。

しかし、このような取り組みをしてくれる公立学校は稀です。

大幅に学習内容が減らされたゆとり教育、子どもの心の中までかきまわそうとする「心のノート」、きびしい管理でしばられ上しか見ない教師——学校は、もうすでに国民統制のための手段として位置づけられているといえます。このままでは公立学校は奴隷製造工場のようになり、公立に入れた時点で「敗北」となるような雰囲気が親たちの間に広まってくるのもしかたのないことかもしれません。

第三章で、義務教育までは画一的であっていいと述べました。それは画一的に学力を保障するという意味においてです。「特色ある学校」の「特色」は、画一的に学力をつけ、なお余裕がある場合に有効なものになるはずです。公教育とは、なにをおいてもまず第一に教育の機会均等を保障するものであり、どの地域のどの学校に行ってもしっかり基礎学力は身につき、内面の自由は保障されるという、教育の理念が貫かれているかどうかが問われるものではないでしょうか。親の願いの基本もそこに置かれています。そこをないがしろにして、このまま企業の論理を教育に注入しつづけていけば、公立の学校は、選択の自由の名のもとにどんどんやせ細り、いずれ公教育は崩壊していくでしょう。

子どもを守りつつ、長いスパンで公教育を守る

二〇〇三年の初めに、私はインターネット・スクールの取材をしました。自宅にいながらインターネットを利用して学習し、単位がとれるというシステムで、不登校の子や高校中退者も受け入れてくれます。大学との連携もあるそうです。もちろん私立高校と同程度の金額はかかりますが、このようなかたちの選択肢も広がっています。

これは困っている子や親にとって歓迎すべきことではありますが、私がそこで感じたのは、このようなかたちでの選択肢が増えていけばいくほど、公教育がやるべきことをやらなくなっていくのではないかという不安です。

たとえば、第二章で触れた健康学園のように、これまで公教育の領域で行われてきたことがどんどん切り捨てられています。その隙間に、多様なサービスを謳う私学や塾、民間の企業などが入ってきます。そのなかで公教育は置き去りにされていき、「公教育でこのような

対応をしてほしい」というさまざまな要望にはまったく答えないことになります。「そういうことが必要ならば、私立でもなんでも好きなところを探してください。公教育では保障しません」と。結果、公教育全体へのアクセスが少なくなり、公教育はさらに悪化していくという悪循環に陥ります。

いま、チャーター・スクールを日本でもつくろうという動きがあります。

> チャーター・スクールというのは一九九二年にアメリカのミネソタ州で開始された制度ですが、分かりやすくいうと、公費でまかなう私立学校です。教育委員会と設置者が五年間の契約をして、公費で私立学校を作る。チャーター・スクールは大統領の戦略になって、全米で約一六〇〇校つくられています。（中略）日教組もチャーター・スクールの視察団を送ったんですね。それで問題がないと喜んで帰ってきた。黒人やヒスパニックもいたというんです。白人の学校ではなかったと。だから問題なんだけどね。（笑）チャーター・スクールは、トップの選抜機能ではなくて、中間層とそれ以下のところで機能する新しい差別化のシステムなんです。
>
> （佐藤学氏「現代思想」二〇〇二年四月号）

運動としても広まり、親の中にも早く制度を確立してほしいという声がありますが、チャーター・スクールに公教育を崩壊させ、差別化のシステムとして機能する恐れがあることは、頭に入れておいていいと思います。どうしても必要だということになれば、そのうえで慎重に進めることが大切でしょう。

さまざまな教育の問題点をここまで書いてきましたが、教育の問題で難しいのは、いま目の前にいる子どものために考え、行動しなければならないことです。五年も経てば子どもは成長して大人になってしまうわけで、理想としてこういう教育が望ましいということがあっても、その理想の実現だけを待っているわけにはいきません。

現実的な親の対応としては、自分の目の前にいる子ども、わが子のことは、いまの流れを見すえたかたちで考えるしかないと思います。しかし、一方で長い目で教育を考え、たとえばわが子が人の親になる時代にはもっといい公教育が成立するように、なんらかのかたちではたらきかけることがやはり大切なのではないでしょうか。

まっとうな教師がとどまることに意味がある

数年前、ある小学校の見学をしたことがあります。

一年生の授業を見たのですが、騒いでいる子はもちろん、勝手に教室を出ていく子がいたり、そもそも二十五人ほどの学級でまじめに授業を聞こうとしているのは三人ほどしかいませんでした。まさに学級崩壊の状況でした。それが一クラスだけでなく、複数のクラスで見受けられるのです。

そのとき感じたのは、これは教師一人だけが悪いのではない、ということです。もちろん、授業がしっかり成立しているクラスもあるのですが、このような状態のクラスが増え日常化しているのは、単に一人の教師の責任ではなく、本来の意義が忘れられ、崩壊させられかけている公教育全体に原因があるのだろうと思いました。

いま、まがりなりにも公教育が生きているといえなくもないのは、良心的な教師が踏んばっているからでしょう。始業前や放課後の時間を使って学習時間を保障したり、土曜日に補習をしたり、ボランティアのようなかたちでゆとり教育で削減された分を補おうとしている教師はけっして少なくありません。もし、彼らががんばってもしかたがない、あきらめた、ということになれば、公教育は確実に破綻していくでしょう。

第二章で述べたように、いまは良心的な教師ほど追いつめられる仕組みになっています。そのため、定年前の退職を考えている人がかなり増えているようです。私も、何人かの教師から「もう辞めたい」という声を聞きました。しかし、辞めずにとどまってほしいと私は思っています。権力の下僕としての教育に与したくない教師たちをどんどん辞めさせ、さらに民間の論理を学校教育に持ちこみ効率化を図るのが行政のねらいです。そうなれば、教育は完全に国の思い通りに変質させられていくことになってしまいます。

教師は、「民間の論理」を持ち出されると弱いようです。けれど、民間の論理や手法はそれほどすばらしいのでしょうか。

前出・都教委の委員である丸紅の鳥海相談役は、エンカレッジ・スクールを「落ちこぼれの学校、とはっきり言ったほうがいい」と発言をしたり、企業の論理で教育を考え変革しようとしています。その彼の経営手腕はどうなのでしょうか。丸紅は二〇〇二年三月期の連結決算で一六五一億五五〇〇万円の経常赤字を計上しています。

住友金属出身の大阪府立高校の校長は、その学校が名門校だったのに最近少し落ち目になってきているのを、「わが校は株価が低い」と表現しました。「住友金属の株価がいくらなのかわかって言っているんだろうか」と苦笑してしまいます。

その住友金属も属する鉄鋼業界で、かつて〃経営再建の神様〃と呼ばれていた故・大山梅雄氏は、世間では評判でしたが、鉄鋼業界内では評価されませんでした。なぜかといえば、大山氏はクビを切ることで経営再建をしていたからです。

クビにしないこと、つまり労働者の働く場所と生活を守るという社会的な責任を果たしながら利益を上げるところが経営者の役目で、それができるために高い給料をもらっているのだという自覚が、多くの経営者たちに共有されていたからです。いま行われているのは、リストラという聞こえがいいですが、要するにクビ切りです。これほど大勢をクビにしていいのであれば、そんな経営はだれにでも、私だってできます。

教師や学校に対してのバッシングが強くなっていますが、民間企業にコンプレックスをもつ必要はありません。そもそも、雇用がこれだけだめになってしまっているのは、企業の経営者や幹部たちに能力がないせいなのですから。

教員の一般公募のようすをニュースで報道していたのですが、それを見るかぎり、受験者たちは学校や教師は楽だろうと思っているようでした。しかし、企業で働くほうが大変なこともあり、教師として子どもを相手に働くほうが大変なこともあります。どちらのほうが大変とか楽とかいうことはないのです。企業の論理に従い、成果を数字として上げねばならない民間企業のサラリーマンの大変さと、日々の成長がかならずしも目に見えないところで子どもの数年後まで見通して教育をしていく教師の大変さと、それは別のものであって、比べられることでもないでしょう。

教師は、自分の仕事に誇りをもってください。そして、「民間ではこうだ」「企業ではこうしている」と言われても、「教育ではそれは通じない」という部分だけは、しっかりと抱きしめていてほしいと思います。

教師は公務員ですから、良かれ悪しかれ、まだ抵抗することができる力をもっています。だからこそ、摩擦が起こります。逆に言えば、守られてもいたわけで、民間ははなから労働者としての権利などは奪い取られているので摩擦が起こりようもない、ともいえます。そういう意味では、教師は日本の社会のチェック機能を果たしているのです。そのような自負ももって、踏んばりつづけてほしいと思っています。

2　わが子を守るために親は……

家庭教育を重視し、国や学校に任せきりにしない

さて、ここまで述べてきたような教育状況のなかで、一人の親として子どもを守るためにはどうしたらいいのでしょうか。

わが子が国家の奴隷にされかねないいまのような教育状況を改めさせる努力をするのは当然ですが、ここまで来てしまっては、しかし簡単に改まるはずがないこともまた事実です。目の前にいる子どもは数年後には子どもでなくなってしまうのですから、わが子についてはそ教育全体の流れを変えていくこととは別の対策も考える必要があります。

これまでは、教育というのは「黙っていても国がやってくれるもの」「学校がなんとかしてくれるにちがいない」という思いが、多くの人々にありました。しかし、国や学校に頼り

きってしまうと、いまの流れのなかではどうにもならなくなります。

まず念頭に置いておかなければならないことは、いまの日本の教育のどこに不備があり、どこがたりないのかということを認識したうえで、それを補う努力をそれぞれの家庭ですることです。私立に行っても公立に行っても、学校や教師についてしっかりと見きわめなければなりません。なにもかも学校や教師の言う通りにするのではなく、まず担任や管理職が信頼できる人かどうか、参観日などもなるべく出席するようにして、さまざまな機会に話し合ってみるのがよいと思います。

理解し合えると思えれば結構ですし、考え方が多少ちがっても、子どものことを真剣に考えてくれる人ならば、適当な距離を置きつつも、任せるべきところは任せていけばいいでしょう。しかし、そうでないならば、学校など便宜上の存在だと割り切り、見切りをつけて、無駄な要求や期待はしない発想も必要になってくるでしょう。

教育基本法の見直し論議のなかで「家庭教育の重要性」がいわれています。ここでは、たんに父親を中心とした家父長制の復活を求めるようなニュアンスが強いのですが、「家庭教育が大事である」という建て前だけは素直に取り入れていけばいいと思います。第一章で「取りこまれる」危険性について触れましたが、こちらが「取り入れる」という姿勢に立つのです。そうできる親なら、私立を選ぶことも、学校以外の塾に行かせるのも、対策の一つでしょう。お母さん・お父さんができる範囲で国語や算数を教えたり、学校で習わないことを学習させることも、有効な手段です。

共働きの家庭、あるいは母子家庭や父子家庭も増え、子どもの教育にそれほどかかわれないという人もいると思います。しかし、お金がなくても、時間がなくても、とにかくできるところからはじめていくしかありません。極論すれば、いまの教育改革は、エリート以外の子どもにとっては戦時中の国民学校を志向しているようなものですから、それが嫌なら親は必要な金は必死で稼ぐことです。私なら、もしもお金がたりなければコンビニで深夜のバイトをしても、休みのたびに建築現場で働いてでも、いまのこの国の思いどおりの子どもになど絶対にさせさせません。

ともかく、まずは、子どもの教育を意識した生活を心がけることです。たとえば、読書は、論理的な思考力を養うものです。これからの時代を生きていくためには本好きな子に育てることはいちばん大切なことだといっても過言ではないかもしれません。子どもは親が「本を読め」といっても読むようにはなりませんが、親が本を日常的に読んでいる環境であれば、多くの場合、子どもは自然に本を手に取るようになります。読み聞かせをしたり、図書館に行ったり、書店をまわったりと、日常のなかに本があるような環境をつくることです。家庭で本のことを話題にするのもいいでしょう。

また、テレビやゲームの類いは、一定の時間的制約をしなければならないだろうと思っています。テレビは情緒的なメディアですから、それを鵜呑みにするようになると、ものごとを論理的に批判的に考える力が養われないのではないかと私は考えています。

しかも、ジャーナリズムの世界にいる者として強く思うのは、以前にも増して、テレビメディアの劣化が甚だしいということです。お笑い番組でタレントが発言するたびにテロップが出るようになりました。これは、「ここで笑え」という一種の誘導であり、テレビの世界では、お笑い番組でさえ見る側の自主性が尊重されないことを表していると思います。後述するように、ニュースでも、本来トップニュースであるべき内容が全く報じられないようになってきています。テレビの視聴はそもそも受動的なものですから、そこからの情報だけでものごとをとらえようとすると、本質が見えず、いつのまにかメディア側の意図に乗せられてしまうことにもなりかねません。テレビにはテレビの長所がありますので、全否定するつもりはありませんが、番組の良し悪しを見分ける力は養うべきでしょう。

テレビにかぎらず、家庭のなかで受動的にならない時間を意識的につくる努力は大切だろうと思います。読書もそうですし、家事を手伝ったり、親子でスポーツをするなどのコミュニケーションすること、また友だちとの外遊びを奨励することなどもいいでしょう。

とにかく、家庭でできることをする努力を個々の家庭が日常的にやっていくことです。もちろん、教育効果だけを考えて子どもを追いつめることになってはなりませんが、親世代が育った時代のような、どこかで社会を信じることができた時代と現代とはちょっとちがうのだという理解のもとで、それぞれの家庭で対応することが大切なのです。

そのなかで、親が子どものことを非常に気にかけていることが子どもに感じられれば、その子は安心して自らを成長させていきますし、自主性を養っていくでしょう。子どもを見守っていると感じさせること、それは、親の背中を見せるということでもあります。

親の背中を見せ、「社会の中の自分」を感じさせる

神戸の酒鬼薔薇事件の犯人の両親の『少年A――この子を生んで』という手記が文藝春秋から出版されています。これを読んで、三井物産戦略研究所の寺島実郎氏は、つぎのような感想を述べています（『団塊の世代――わが責任と使命』ＰＨＰ研究所）。寺島氏はいわゆる保守リベラルの立場で評論活動もしています。私とは立場が少しちがいますが、この手記の感想に

は非常に共感できる部分がありました。

私は、少年Aの両親の書いた書物をじっくりと解析して、あることに気づいて愕然とした。それは、この本に書いてあることではなく、まったく書いていないことについての発見であった。書いてあることは、前記のごとく驚くほどの「表層的良識」であり「もっともなキレイゴト」である。

しかし、この本にはただの一度も「社会」とか「時代」という問題意識が出てこない。つまり、時代の課題に親として、大人として関与して苦闘しているという部分がまったく登場しない。これは大部分の日本の家庭の現状そのものである。（中略）「親の背中を見て育つ」という表現があるが、親が社会的課題を担って真剣に闘い、時代のテーマに挑戦していることを実感したとき、子供は間違いなく厳粛な気持ちになる。

少年Aの両親に対する彼のコメントが一〇〇パーセント妥当かどうかはわかりません。このような手記は、実際にその両親が書いているのではなく、話を聞いた記者がまとめたものだからです。手記の中に「社会」や「時代」ということばが入っていないのが、本当にこの両親が「社会」「時代」などのことばを使わなかったためなのかどうかはわかりません。

しかし、一般論として、たしかに世の中がどうなっているか、そのなかで何を考えるかということを教えられる親が減っているのではないかということは感じます。

これだけ生きづらい社会のなかでは自分たちだけのことで精一杯というのはしかたがないともいえますが、やはり小さいときから社会性をもたせて育てることは非常に重要だと思います。

そのためには、親子でいろいろな問題について話し合う機会をつくることです。

親は、社会人としてさまざまな経験を積んできています。そのなかで、個々人が人生観や人間観を培ってきています。思い出したくないような大失敗や挫折もあったでしょうし、感動するような光景に出会い至福を感じたこともあったでしょう。もちろん新聞やニュース、本などから政治や経済の状況、環境問題の現状、国際社会のさまざまな事件やできごとなどの情報も日常的に得ています。それらについて一人の大人としてどう感じたか、どう考えるかを、子どもに語り、問いかけ、話し合うことで、子どもは社会のなかで生きる自分を意識することができるようになっていきます。

ごはんを食べながらでも、いっしょに出かける車の中でもかまいません。短い時間でも、日常的に親子で話し合おうとする姿勢が大切なのだと思います。

子育ては、最終的には自分の頭で考えることのできるような子に育てることに収斂していくのだと、私は思っています。事に臨んだときに自分で考え、自分で判断できるようにすること。付和雷同して行動を決めたり、上に言われたから従順に従うというだけでは、せっかくの人生があまりにももったいないと思いませんか。

ですから、その子どもの将来についても、親子で話し合ってほしいのです。いま数学が苦手とかそういうことより、人づきあいが得意だとか手仕事が好きだとか、どのような職業が向いているのかということを、できるだけ早いうちから考えていくべきだと思っています。

こういう考え方は両刃の剣で、へたをすると、国がめざす選別教育に乗ってしまう危険性もあります。が、一方でいまの時代のなかでは、できるだけ早めに将来を考えておかないと、いつどこで国の都合に引きずられて進路を決定されてしまうかわからない状況があるのもたしかです。

いまの親世代は、将来を考えるモラトリアムの時間をもらうことがある程度はできた世代です。自分が将来、何をしたいのかと考えなくても、多くは中学、高校と進むことができ、その間に青春を謳歌し、いざ就職や結婚というときになって初めて先々を考えるライフ・スタイルがある程度許されてきました。それは、これからもずっと許されなければいけない、あらゆる人々に確保されなければならないのだと、私は思っています。ところが、いまの教育政策ではそんなものは贅沢だ、小学校段階から非才・凡才は勉強する必要はない、といわれかねません。だからこそ、それをあえて考えることで抵抗していく必要があるのです。

3 信頼感と連帯感を取り戻す

何ものにも従属せず、頼らず生きていく意思をもつ

いま、日本ではたとえ会社の言っていることがまちがっていても、そこにしがみつく以外に生きていく術が見つからないようにされてしまっています。その一方で、会社はもう面倒をみませんよと、雇用形態の柔軟化や、年功序列や終身雇用制の廃止を進めています。

雇用スタイルの多様化それ自体は、むしろ望ましいことであったはずなのです。従来のような、右を向いても左を見ても、どこかの会社にお勤めのサラリーマンばかり（労働人口のざっと八割が給与所得者といわれています）という社会になっていた結果が、いざ不景気になったとたんに今日のような閉塞状況をもたらした、と考えられるからです。高度成長期ごろまでは〝一国一城の主〟などと呼ばれてがんばっていた都市自営業者の多くは、効率的でないという

理由で、この国の社会から切り捨てられてきました。私のような自由業者の目には、この国では人はすべからくサラリーマンになるのが正しい生き方で、だれにも使われない、独立自尊の精神などという考え方はもってのほか、という意思がまずあって、税制も年金も何もかも、社会の仕組みのことごとくがサラリーマンのライフスタイルだけに合わせて構築されてきたようにさえ見えます。異論もあるかもしれませんが、大方の人々が思いこまされているように、サラリーマンのほうが不利なら、どうして都市自営業はここまで衰退してしまったのでしょうか。

そのあたりの問題はさておくとしても、いずれにせよ現実に、つい数年前まで、日本人の、特に教育水準の高いホワイトカラー層であるほど、その人生の明暗と勤務先の浮き沈みとを直結させて考えてきたわけです。仕事の内容も働く町も人事部に決められたとおりに従うだけ、住む家は社宅で、選挙があれば会社の推す候補者に家族そろって一票を投じる……といった具合の、いわゆる会社人間です。サラリーマンは会社人間になって勤務先に忠誠を尽くす見返りに、安定の対価を得ていたということがいえます。

でも、いまや安定などどこにもありません。それでも従業員の忠誠だけは相変わらず欲しがりつづける企業側は、安定という報酬の代わりに、逆らえばいつリストラの対象にされるかもしれないという恐怖でもって、人々の内面を操るようになってきたのです。かつては会社人間に対するアンチテーゼとして構想されることの多かった、雇用の〝多様化〟〝柔軟化〟といったアイデアは、いざ現実になると、逆に労務管理、人間支配のための武器にされてしまいました。

こんな流れに乗せられてしまっては、いったいだれのための人生だかわからないと思いませんか。今度こそ、個人一人ひとりが、何ものにも従属しない、独立した「個」として生きることをめざし、会社に頼らずに生きていくのだという強い意志をもつことが大切だと、私は考えます。

「個」どうしが信頼し合い、連帯していく

教育改革も同じで、国に頼りっきり、任せっきりではだめだ、という行政の主張はある意味においては正しいのです。ただその一方で、子どもたちをしばり、管理しようともしていることが問題なのです。

その正しい部分、つまり「あなたたちに任せっきりにはしない」ということは、われわれのほうでいただきましょう。そして、国に任せきって子どもたちを奴隷化させたり、管理や

差別を受け入れたりはしないように、親は親として、教師は教師として、個々人が地道な努力を重ねていくのです。国を「お上」などとあがめず、国家の上に個人としてすっくと立ち、必要な制度や対応は正々堂々と求め、けっして言いなりにならないこと。すぐに実現しないような教育の不備については個人の努力でなんとか乗りこえ、子どもを国ごときの思うがままにはさせないこと、です。

そして、確立した「個」どうしが信頼し合い、連帯していくことが必要です。98ページで述べたようなバトル・ロワイアル――最後の一人を決めるまでの戦いなどにさせてはなりません。「個」のちがいを認めたうえで、大切な問題や大きな視野をもって取り組むべき課題に対しては「集団」となって向かっていくことです。

たとえば、教職員組合は、いま大きくは日本教職員組合（日教組、旧社会党系）と全日本教職員組合（全教、共産党系）の二つにわかれています。しかし、権力による教育への攻撃がこれほど大きくなっているいま、小さな方針のちがいで組合どうしが手を結べないというのは愚かなことです。そんなちがいは、教職員以外から見れば差異がわからないほどのものでしかありません。こういうのを内ゲバというのだと私は思います。

『機会不平等』を出版してから、私は教育関係の団体に講師として呼ばれる機会が増えました。教育委員会や民間教育団体からも声がかかりますし、組合に呼ばれることもあります。組合で話をすると、日教組でも全教でも、同じ話にはたいがい同じ反応が返ってきます。教育がこのままでは危ないという危機感も、なんとかしたいという思いも、どちらの組合員にも共通したものなのです。組織として合併したほうがいいとまで言い切れる客観的な判断能力を私はもっていませんが、いまの教育改革のような大きな問題については、共同していっしょに運動を進めていくという姿勢も必要ではないでしょうか。弱い者どうしが対立していて、強い者に対抗できるはずがないではありませんか。

親と教師がいっしょになって子どもを育てる協力態勢を

父母と教師の関係についても同じことがいえます。父母からは教師への、教師からは父母への不信感がかなり高じているようです。たしかにいろいろな親や教師がいますし、なかには本当に信頼関係を結ぶことが困難な親や教師もいるでしょう。しかし、子どもの教育への願いという点では一致できる部分が少なくないはずです。たとえば、教師も人の子の親であれば、わが子の学校や教育については、自分が担任する学級の親たちと同じ不満や不信、不安を抱いているのです。先ほど述べたように、まったく話が通じない場合、割り切ることが必要ですが、できる範囲から少しずつでも関係を築こうとする姿勢はつねにもちつづけるべきです。

昔はなかなか親は教師にものをいうことができませんでしたが、最近の教師は、保護者との連帯ということをよく口にします。ただ、教師のほうから保護者に強力にアプローチしていくのは、教師をしばりつけているいまの制度のなかではなかなか難しいことです。親のほうからも歩み寄っていって、親のほうは家庭で、学校では先生が、いっしょに子どもたちをよりよく育てていくという協力態勢をつくろうとはたらきかけることが重要だと思います。

人間の価値観は多様化していますから、教育の方針が複数の人間の間でぴたりと一致することはほぼないといっていいでしょう。それでも、できるところから信頼関係をつくり、手を結んでいくことです。学校評議員制度のようなお仕着せのものでなく、「個」の人間どうしの関係が大切なのです。

「教育は国家百年の計」などといわれますが、日本の国家はいま現在の利益、国を動かす人々自身の損得のことしか頭にないようです。それならば私たち自身が考え、個々の人間の連帯感を少しずつ深めながら、少しでも教育を、社会をよくしていくしかないのではないでしょうか。

4 民主主義を守る

思想・信条の自由が奪われる

二〇〇三年十二月、東京地裁で、ある被告に建造物損壊で懲役一年六か月の求刑がなされました。被告はこの年四月に東京都杉並区の公園の公衆便所に落書きをしたことで罪を問われました。建造物損壊は最高で懲役五年。落書きはよくないことですが、それだけで一年六か月というのはこれまで聞いたことがないほど重い求刑です。たとえば、暴走族がガードレールに落書きをしたとしても、これほどの求刑にはなりません。ではいったいなぜこうなったかといえば、それは被告が書いたのが「戦争反対」ということばだったからです。結局、この被告には執行猶予付ですが懲役一年二か月の判決が下されました。

落書きをしてこのような罪になるのは、戦時中とまったく同じです。戦時中は、人前で皇室や軍部の悪口を言うのはもちろん、そういう内容の落書きをしたり手紙に書いたりしても特高警察に捕まりました。思想的背景がないと判断された場合は解放されていたそうですが、党派的背景があるという疑いをもたれると苛酷な取り調べを受けました。今回の被告にはとくに党派的背景はありませんでしたから、もしかしたら、現代は戦前以上にひどい状況といえるのかもしれません。

二〇〇二年七月、有事法制をテーマとした会で、福田官房長官は、つぎのような話をしました。

「思想・信条の自由、信仰の自由は内面においてはそれを最大限尊重する。しかし、それがひとたび外に表現された場合、公共の福祉に鑑み、そのかぎりではない」

川口順子外務大臣も、「論座」（朝日新聞社、二〇〇三年四月号）で、集会・結社の自由は制限されると明言しています。

経済同友会のメンバーの八、九割が第九条の改正に賛成しているように、憲法への改憲の圧力が強まっていますが、それだけでなくこのような憲法を実質的に形骸化させるような動きも活発になっているのです。

教育の場でも、こんなことがありました。広島のある町でのことです。数年前に小学生が卒業制作として寺内町《じないちょう》（中世の後期、浄土真宗の信徒が寺を中心に自治都市をつくり、堀などでまわりを囲んで戦乱にまきこまれないようにした）の絵を描きました。卒業制作なので学校に飾ってあったのですが、それを二〇〇二年に赴任してきた校長がたたき壊したのです。理由は、「いまの教育に合わない。戦争に反対する民衆なんかを描いてはならない」ということでした。その後、当時の卒業生たちが自分たちの成人式に臨んで校長を呼び、謝罪させたことで一応の収拾はつきました。しかし、子どもたちの作品に対してさえこのような暴挙が行われる世の中になりつつあることは事実です。

「お国のために命を投げ出してもかまわない日本人をつくる」

「本日天気晴朗なれど、波高し。皇国の興廃この一戦にあり」

二〇〇四年二月十六日、護衛艦「むらさめ」のイラクへ向けての出航に際し、横須賀基地での出陣式で、玉沢徳一郎防衛庁長官はこのようにあいさつしました。この台詞は、日露戦争の日本海海戦において東郷平八郎元帥がバルチック艦隊を迎え撃つときに、東京の大本営に送った電報のものです。イラクへは復興のために行くのだと言いながら、閣僚たちは内心では明確に戦争に行くのだと位置づけていることがよくわかります。

国は、着々と戦争に向けての準備をはじめているのです。このまま行けば、そう遠くない未来に徴兵制が導入されることになるでしょう。

私は、いまの改革路線でいくかぎり、政府は若者の価値観を統一させる目的のためだけにでも、いずれ徴兵制を実現させようとするのではないかと思っています。

高橋哲哉氏（東京大学助教授）と、「いま、この国はどのような子どもを育てようとしているのか」という話をしたことがあります。そのとき、「自衛隊がイラクで戦争をしているときに、テレビでその模様を見て日の丸の旗を振りながら『がんばれ！』と応援するような子ではないか」という話になりました。

じつは、二〇〇三年の四月、すでにそのような光景が実際にあちこちで見られました。日本・韓国で開催された二〇〇二年のサッカーのワールドカップを機会に、店内に大画面のテレビを置いたスポーツバーが増えました。そのスポーツバーで、酒を飲みながらイラク戦争の実況中継を見、サラリーマンたちは蘊蓄を傾けていたのです。

義務教育で社会の動向を分析するための武器となるはずの学力は最低限に抑えられ「実直な精神だけ」を身につけさせられ、徴兵によって「愛国心」の名のもと、画一的な価値観を植えつけられた数年後の子どもたちがそこに加わるのは、もはや現実離れした空想ではありません。

二〇〇四年二月、超党派の議員連盟「教育基本法改正促進委員会」が発足しました。その発足の場で、民主党の西村眞悟氏は、つぎのように発言しました。

お国のために命を投げ出してもかまわない日本人を生み出す。お国のために命をささげた人があって、今ここに祖国があるということを子どもに教える。これに尽きる。国のために命を投げ出すことをいとわない機構、つまり国民の軍隊が明確に意識されなくてはならない。この中で国民教育が復活していく。（「朝日新聞」二〇〇四年二月二十六日付）

このまま進んでいけば、私たちの子ども世代は、西村議員のような人のために本当に国のための奴隷、もしくは兵隊にされて、人を殺させ、あげくの果てに殺されかねない運命を強いられてしまいます。

多大な犠牲の上に生まれた日本国憲法

太平洋戦争という多大な犠牲を払った総力戦の後で、東西冷戦がはじまるまでの空白の期間に生まれた日本国憲法は、一種の奇跡です。押しつけ憲法といわれても何といわれても、守るだけの価値のあるものだと私は思っています。

憲法が〝改正〟されれば、教育基本法より上位にあるわけですから、教育基本法を改正することなく、教育を国家統制の手段と明確に位置づけることもできるでしょう。

いま日本という国家をどうしていくかということについて、私たちに強みがあるとすれば、戦争世代はあの戦争を実体験しその辛さや苦しさを身をもって知っていること、そのなかで、方法論としての右派・左派というちがいはあったとしても、平和についてまじめに考えたという根っこをもっているということでしょう。そして、戦後世代はいろいろな欠点はありつつも戦後民主主義のなかで教育を受けてきて、民主主義の感性をなんらかのかたちで身につけていることです。

戦後世代の私たちは、安保条約下の経済発展のなかで暮らしてきました。第九条がこれまでも実質ではなかったことを知りながら、護憲は主張しても、それ以上のことは積極的には考えようとしていなかったのではないかという反省もあります。実際、日本は朝鮮戦争やベトナム戦争に協力してきました。けれど、どこかで「このままではいけない」「やっぱり平和がいい」「人間はみな平等だ」という程度の気持ちは共有していると信じられました。どんな日本を子どもたちに渡すかという大きな分岐点に立っているいま、自分のなかに根づいているはずの民主主義の思想や感性を思い起こし、それぞれが考えつづけることが、一人ひとりに求められているのだといえます。

「知る」ことからはじめる

まず第一に大切なのは、「知る」ということです。

「お国のために命を投げ出してもかまわない日本人をつくる」と言った西村氏は、防衛政務次官に就任した一九九九年、核武装したいと言い出して、辞職に追いこまれた人です。このときは、「週刊プレイボーイ」でのお笑いタレントとの冗談の応酬のような対談での発言でした。それでも、重大すぎる問題として新聞は一面トップで取り上げ、ついに辞任せざるをえなくなりました。

今回は、議員連盟という公的な場での発言です。しかも、教育の理念について話し合うなかで、「国のために死ぬ人間を育てる」と言ったのですから、当然一面トップで報じられて然るべき内容です。それなのに、メディアはまったく取り上げません。唯一の例外が、先に引用した朝日新聞でしたが、それとてもことさらめだたないように扱われた、ごくごく小さな記事でした。玉沢氏の発言も、報じたのは毎日新聞の神奈川県版のみです。先に述べた「戦争反対」の落書きの件も同様にほとんど扱われませんでした。

西村氏を辞任に追いこんだ後のたった数年間で、日本のマスコミはこれほどにも変質してしまったのです。私たちが自覚して積極的に知ろうとしなければ、このような危険な動きに気づくことさえできないわけです。

では、どうしたらいいのかというと、いちばん簡単にできるのは、対立する立場のメディアを見て比較することでしょう。一般的に、読売新聞と産経新聞が右派、朝日新聞と毎日新聞が左派とされています。それほど単純に分けられるものではないのですが、たとえば読売と毎日を読む、産経と朝日を読む、毎日二誌も読めないという場合は、教育基本法の改正などの大きなニュースが出たときに、図書館で全部の新聞をひと通り眺めてみると、一紙ではわからないことが見えてきます。

新聞が失ったジャーナリズムの精神をまだ少なからず残しているのは雑誌です。とくに教育関係については、右派とされる「諸君」「正論」と左派とされる「世界」の立場は天と地ほどもちがいますので、読み比べれば、テレビや新聞だけを見ていてもわからない部分がかなり見えてくるはずです。また、大事なニュースや気になるできごとについては、インターネットで検索すると、大手の新聞に載っていないことも案外出てきます。インターネットの情報は玉石混淆で、信憑性のないものも含まれているので注意が必要ですが、かなりの判断材料を得ることができます。

とにかく、いま社会で起こっていること、めざされていることを知らなければ、私たちにはなすべきことさえ見えてきません。

教育関係者は経済に弱い人が多い、といわれます。また、お子さんをもつ親たちのなかにも経済について関心のない人が少なくありません。しかし、近年、教育改革を含めて構造改革はすべて経済の論理のうえで進められています。経済の動向を知ることで、いまの教育がどのような論理のもとに進められているか、どういう方向に向かおうとしているのかが理解でき、長いスパンで教育について考えられるようになると思います。

住基ネットの問題、監視カメラの問題など、民主主義の根本を揺り動かす動きがいつのまにか進められ、日常生活に入りこんできています。そうした社会のさまざまな動きにも、どうか積極的に目を向けてください。知るべきことはたくさんあります。

最後に。こんな時代に生きていると、本当になにもかもあきらめたくなったり、絶望しそうになることもあります。しかし、私はそれでもあきらめてはいけない、どこか楽観的なものを心にもちつづけたい、と思っています。

これだけ追いつめられてくると、だれでも「火事場の馬鹿力」がはたらきます。自分のなかにある「火事場の馬鹿力」を信じて、子どもに対してできるだけのことをすること、教育に対して社会に対してだまっていないこと。そうするなかで、きっと少しずつではあっても希望が見えてくるはずです。

ルポ

「報国」の暴風が吹き荒れる

岩波書店の月刊誌「世界」（二〇〇四年四月号）の特集「『日の丸・君が代』戒厳令」に寄せたルポ「『報国』の暴風が吹き荒れる」を再録します。二〇〇三年度の卒業式、および入学式に臨んで、石原慎太郎都知事の率いる東京都教育委員会が展開した、教師や生徒の思想・信条に対する徹底的な介入についてルポルタージュしました。

石原知事というキャラクターゆえ、ややフライング気味ではありますが、この潮流は彼の独自路線でもなんでもありません。ここまでお読みいただいた方ならすでにお気づきの通り、いずれ全国に波及していくことは必定です。公教育というもののありようが、いつのまにか、私たち親の世代とはすっかり変えられてしまっていることを、ここに提示した事実が、なによりも雄弁に物語っていると思います。

取材しながら考えつづけました。親はわが子を石原知事のような、つねに他人を見下していなければ気がすまない、あるいは他人の痛みの一切が理解ができないタイプの〝リーダー〟か、またはそうした人々にひたすら従順で、命までをも投げ出して尽くす臣民、家来のような人間に育てたいのでないかぎり、たとえば現在の都立高校には進ませるべきではないのではないか。国全体の教育改革が同じ方向を向いているとはいえ、もはや石原知事のほとんど私物と化してしまった都教委に比べればまだしもの他県の公立高校、あるいは影響のやや及びにくい私立高校へと進路を変更したほうがよい、通いきれないようなら転居まで視野に入れて検討する必要さえあると、私は思います。都立高校には立派な先生方もまだまだたくさんいらっしゃいますし、私自身も都立高校の出身で、そのおかげですばらしく自由な青春時代を過ごさせてもらった一人ですので、こんなことは言いたくなかったのですが——。

ともあれ読んでみてください。「世界」の記事には間に合わなかった実際の卒業式の様子や、その後の内容についても、ラストで加筆しました。事態がありがちなイデオロギー論争の段階をとうに過ぎている現実をご理解いただけるのではないかと思います。

教育委員会がすべてを監視する

二〇〇四年二月十七日午後のことである。東京・西新宿の都庁第二庁舎二十七階は、緊迫した空気に包まれていた。廊下から都教育委員会人事部に通じる二つの出入り口を、ガードマンと都教委の腕章をつけた職員ら総勢四十数人が封鎖している。彼らに怒声を浴びせていたのは、女性が大半を占める十数人の市民グループだ。

「戦前の教育に戻してどうする気なの」

「こんなおばさんたち相手にしてないでちゃんと仕事しなさいよ」

人事部はこの日、都立高校教員八人、都立養護学校教員二人の合計十人に戒告処分を発令した。昼過ぎから夕刻までの間、彼らは別々に、それぞれの学校長に連れられて二十七階を訪れては、処分を言い渡された後、悄然と、あるいは憮然として引き上げていった。

市民グループのメンバーが語る。

「先生方が不当な処分を受ける時、昔は教職員組合が立ち会ったものですが、今は文書による抗議止まりなんですね。だったら私たちが励まそうと、やって来たんです。校長さんが脇を固めているし、職員やガードマンにも阻まれて、会話を交わすこともできませんでしたが」

地方公務員法によれば、戒告は公立校の教職員に対する懲戒処分のなかでは最も下位にある。とはいえ昇給の延伸が伴い、たび重なれば減給、停職、免職へと通じ、教員生命にもかかわってくる。けっして軽いものではない。

十人の教師たちは全員、校長の職務命令に背いたとされた。二〇〇三年十月二十三日付の都教委通達「入学式、卒業式等における国旗掲揚及び国歌斉唱の実施について」の別紙、「指針」は、〈国旗〉および〈都旗〉の式典会場の舞台壇上正面への掲揚や壇上での証書授与、ピアノ伴奏等による〈国歌〉斉唱や教職員の起立、〈厳粛かつ清新な雰囲気の中で行われる式典にふさわしい〉服装などを求めていたが、彼らは起立しなかったり、退席したりしていた。

学年末も四月新年度もこれからという時期だ。だが通達には、入学式と卒業式の後に「等」の文言が添えられていた。十人の処分の対象とされたのは、この間に十五の都立高校と六つの盲・聾・養護学校が開催した、周年行事での行動だった（うち一校は開校式）。「○○高校創立○○周年記念式典」などといった場で、では、どのような光景が繰り広げられたのか。

「遅くとも前日までには、教職員一人ひとりに校長名の『職務命令書』が配布されました。たいがいは直接、手渡されたようです。妨害するなとか式場内で生徒を指導せよとか、過去の言動や担任かそうでないかなどの立場に対応した内容も盛り込まれていましたが、基本的には都教委作成のひな型がベースである点で共通していました」（都立高教師）

教職員や来賓の席順表や式次第を、あらかじめ都教委に宛てて提出した学校がある。当日までの校長と都教委の行き来や電話連絡は誰の目にも頻繁で、体育館などでの式場設営や予行演習、そのための職員会議でのやり取りに至るまで、およそ式典にまつわるすべてはチェックされたと言って過言でない。

当日はどの学校にも指導主事ら都教委職員四～八人ほどが来賓として派遣され、君が代斉唱に臨む教職員の態度を監視していった。教頭が教職員席周辺を歩いて「指針」通りに振舞われているか否かを現認し、その様子を都教委が壇上の来賓席からか、あえて教職員たちの間に陣取って見張るパターンが多い。

一般に都立学校は従来、式典の封建性、儀式性を弱める方向を模索してきた。日の丸を会場の隅にスタンドで立て、舞台を使わず教職員も来賓も生徒も同じフロアで相対する形式を採った。司会役の教頭が、君が代斉唱の前に「内心の自由に照らし、歌うも歌わぬも可」と告げるスタイルも広まっていたが、今回は教頭が監視役に回ったため、司会には主幹を充てるケースが多かった。「内心の自由」のアナウンスは禁じられた。

反抗的とされた教職員は例外なく式の終了後、校長室で指導主事らに取り囲まれて事情聴取を受けた。式の途中で舞台の袖へと連行された人もいる。報告を受けて都教委人事部は彼らを改めて呼び出し、今回の処分に結びつけていった。

「（〈国歌〉斉唱の）声が小さい！　もっと大きな声で！」

都教委同席の予行演習で生徒を怒鳴りつけた校長がいたという。君が代の伴奏はしたくないと訴えて、「だったら出ていけ」と言われた音楽教師は少なくない。

式典の後の講演会で、日の丸と並べて星条旗が掲揚され、アメリカ合衆国国歌「The Star-Spangled Banner」のテープ演奏とともに生徒が起立を促されたのは、大田区内のA高校だ。戦災孤児から身を起こし、渡米して現在は全米州教育庁長官連合協議会国際局の日本担当代表と、外務省の認可する財団法人・国際文化フォーラムで米国駐在代表連絡員の要職を兼務する伊藤幸男氏が講師だった。

「日米両国の国旗が掲揚されていることに感謝したい」

学校関係者によれば、伊藤氏は初めにそう挨拶し、自らの来し方と、日本の若者に対する苦言を話した。電車で老人に席を譲らない、携帯電話のマナーが悪いといった話題の後、彼は大要、次のように語ったという。

「日本人は一等国民としての誇りを持たなければならない」

「アメリカにはタクシーの運転手になったドクターが珍しくもない。みんながドクターコースに行ったら誰が清掃の仕事をするのか」

講演に先立つ式典でも、A高では〝国家〟がひときわ強調された。君が代斉唱に続く式辞で、校長は日の丸に一礼し、墨で「一剣報国」と染められた手ぬぐいを持ち出して、こう述べたという。

「現在の日本社会では伝統や公徳心が教えられない。権利意識ばかりが膨張している。これは私が剣道の大会で配ったものだが、つまり一本の剣が、一人ひとりのたゆまぬ努力が社会貢献に繋がるということだ」

「報国」が「社会貢献」にすり替えられていた。関係者たちの話を総合すると、それでも都教委の姿勢は、時間の経過とともに緩やかになっていきはしたらしい。

「通達直後がすさまじ過ぎましたから。B高校には式の数日前から指導部員が連日やって来て、特定の教員をずっと見張っていました。取材に入った雑誌記者にまで監視がつき、トイレにまで同行したとか。初めに一発かましておけば教員たちに情報が伝わって、後は勝手に萎縮してくれると彼らは踏み、実際そうなったということでしょう」（都立高教員）

10・23通達が規制したのは教職員や生徒たちの思想・信条ばかりではない。障がいのある子どもたちが学ぶ養護学校では、教育そのものの意義を阻害する結果さえもたらした。東京都障害児学校教職員組合の水上志伸・執行副委員長が語る。

「養護学校はフロア形式の式典を行ってきたところが多いのですが、そこには一般の学校とは異なる意味もありました。知的障がいや肢体不自由の子どもたちは、壇に登ったり降りたりを一人ではできないのです。教員が手助けすればいいと都教委は簡単に言いますが、それでは子どもたちの成長に不可欠の自己肯定感が傷つきます。フロア形式ならどうにかして、自分自身の力で卒業証書を受け取りに行き、戻ってくることができる。それこそが教育の成果なのだと、私たちは位置づけてきたのですが」

通達はしかし、そんな温かい眼差しをせせら笑う。周年行事に臨んで、養護学校各校では、実に陰惨な言葉や場面が繰り返された。養護学校では寝たきりの子を教員が抱きかかえて式典に臨む場合が少なくない。そこでC養護学校では、校長が「国歌斉唱の際には、子どもを抱えて起立せよ」と発言した。「落としたらどうするのか」の声が上がり撤回されたが、「抱えたまま正座せよ」としたD養護の校長は、最後まで譲らなかったという。

君が代斉唱中に尿意を催した子どもをトイレに誘導した教員を校長が事情聴取したのはE養護。F養護では当日、壇上からフロアの教職員の態度を撮影するビデオカメラが設置され、G養護やH養護には数百万円の特別予算がついて、演台の高さを低くし、あるいは安全性の高いスロープを設けて卒入学式に備えている。またI養護では、組合の分会と校長との間で、こんなやり取りが交わされた。

「校長さん、子どもを守りましょうよ」

「そのために、通達通りにやるんです」

「どういうことですか」

「都教委に背けば、七生養護と同じ目に遭わされる。引っ掻き回されて、犠牲になるのは子どもたちなんですよ」

強制から逃れられないと知った人間は、服従する己を正当化する方法を探そうとする。方法を見出せないまま服従を余儀なくされた場合の、魂の破綻が恐ろしい。

卒入学式を目前に控えたこの時期の教師たちの処分が、恐怖政治そのものであることは論を待たない。都教委のやり方は周到で、周年行事を見せしめに活用するためには、事前に校長、教頭らに向けた教訓さえ用意していた。都下・日野市の七生《ななお》養護学校である。

剥き出しの選民思想

「初めに性教育について伺います」

二〇〇三年七月二日、都議会本会議の第二回定例会。一般質問に立った土屋たかゆき議員（民主党）はそう切り出して、彼が問題視しているいくつかのケースを取り上げた。七生養護に関する指摘は、次の部分である。

「ある都立養護学校の教諭は、小学部の児童に『からだのうた』を歌わせています。（中略）